Diogenes Taschenbuch 24425

de
te
be

Freundinnen

GESCHICHTEN

Ausgewählt von Anna von Planta

Mit einem Vorwort von
Ronja von Rönne

Diogenes

Mitarbeit: Noemi Bünzli und Natalia Kurth
Nachweis am Schluss des Bandes
Covermotiv: Foto von Thomas Barwick

Diogenes Verlag AG Zürich
www.diogenes.ch
30/21/44/3
ISBN 978 3 257 24425 0

Inhalt

RONJA VON RÖNNE

Meine beste Freundin

Meine beste Freundin heißt »Käse«. Das ist der Name unserer Chatgruppe. Unsere Freundschaft ist ein bisschen wie Gott, nämlich dreigeteilt: Luisa, Julia, Ronja. Was uns eint, sind eine Vorliebe für Feta, eine gemeinsame Schulzeit, ein Mann, mit dem wir alle geschlafen haben.

Das klingt unromantisch, aber das ist ja das Gute an der Freundschaft, im Gegensatz zur Liebe zehrt sie nicht von der Romantik. Macht sie meist auch langlebiger.

Luisa habe ich mit drei kennengelernt. Meine Familie war gerade nach Bayern gezogen. Erster Tag im neuen Kindergarten. Ich heulte, weil ich dachte, dass ich wegen des hässlichen gelb-lila Pullis, in den meine Mutter mich gestopft hatte, weil er »so schön fröhlich« aussehe, niemals Freunde finden würde. Dort traf ich Luisa, genauso blond wie ich, aber in einem schönen, einfarbigen Pulli mit Einhorn vorne drauf.

»Bist du neu?«

»Ja.«

»Dein Pulli sieht beknackt aus. Willst du was malen?«

Freunde, das sind Leute, denen man Ehrlichkeit verzeiht.

Mit Julia bin ich seit der siebten Klasse befreundet, als wir gemeinsam den Französischlehrer fertigmachten. Bei den Prüfungen ließen wir die Bücher offen auf dem Tisch stehen, und einmal stapelten wir im Unterricht sämtliche Arbeitsblätter zu einem schönen, hohen Haufen und zündeten ihn an.

»Hast du gesehen, wie geil das gebrannt hat?«

»Hat so geil gebrannt.«

Freunde, das sind Leute, mit denen man Sachen erlebt, auf die man später nicht stolz ist.

Die Abiturzeit verschwendeten wir zu dritt, wie es sich für junge Menschen gehört. Unwichtig waren die Noten, wichtig waren Trips in klapprigen Autos zum nächsten McDonald's.

Physik spielte keine Rolle, Anziehungskräfte eine große, es wurde viel geknutscht, viel getrunken, viel eingeschmissen, in Fords gekotzt, in fremden Armen aufgewacht. Alles war groß, weil alles Neue immer groß ist, und vom Neuen hat das Leben während der Abiturzeit noch eine Menge zu bieten.

Am Tag teilten wir die Croissants vom Pausenverkauf und die Verachtung gegenüber den meisten Mitschülern.

»Ich pack die Leute hier nicht.«

»Nur noch ein Jahr.«

Freunde, das sind Menschen mit gemeinsamen Feinden.

Abends leuchtete verlässlich mein Handy auf, »See?« schrieb Luisa dann, und eine Dreiviertelstunde später hörte man penetrantes Hupen vor dem Haus. »See« bedeutete niemals schwimmen, segeln, Sonnencreme, sondern zu dritt im Wagen auf das Wasser starren. Dabei rauchten wir Luisas Ford voll, der Chiemsee lag schwarz vor uns. Wir blieben im Wagen, hörten die immer gleichen Lieder. La Roux. Kesha. Fleet Foxes. Nie wieder waren Lieder so ergiebig wie damals, sie reichten für Jahre. Wir sprachen nicht mal besonders viel.

»Drehst du mir eine, Ronja?«

»Ich drehe dir die schönste Zigarette der Welt.«

Denn das teilten wir am Abend: Drehtabak und eine vage Sehnsucht nach Zeiten, die uns noch enttäuschen sollten.

Seit dem Abitur habe ich mit keiner der beiden je wieder am gleichen Ort gewohnt. Wir wurden auseinandergewürfelt. Aus dem Dreierpasch wurde eine große Straße, auf der alle schnell in verschiedene Richtungen verschwanden. München. Berlin.

Amsterdam. Graphikdesign. Psychiatrie. Architektur. Praktikum. Ausbildung. Zusammenbruch. Die erste große Liebe. Das dritte geschmissene Studium. Die zweite große Liebe. Aber in »Käse« teilen wir noch immer: Fotos, Videos, lustigen Kram aus dem Internet. Durch die Chatgruppe ist der Kontakt nie abgebrochen, die Unmittelbarkeit noch genauso, die Wortwahl die gleiche. Ich weiß immer, wo die beiden gerade sind. Ich weiß, wie malträtiert Julias Füße aussahen, als sie den Jakobsweg gelaufen war, ich weiß, wie orange die Augen von Luisas Katze leuchten und eine Menge anderer Dinge, die auf gar keinen Fall hier veröffentlicht gehören.

Freunde, das sind Leute, die Fotos von einem auf dem Handy haben, für die man schnell seinen Job verlieren würde.

Wir sehen uns selten. An Weihnachten, wenn's alle wieder nach Hause treibt. Vielleicht zweimal im Jahr besuchen wir uns. Wenn wir uns sehen, sind wir wieder 17. Wir hören die gleiche Musik wie damals, und nur mit ihnen schmeckt mir Drehtabak besser als die fertigen Zigaretten, die ich sonst rauche.

Freunde, das sind Leute mit zotteligen Haaren, die länger bleiben, als sie ankündigen, den Kühlschrank leer fressen, das Shampoo aufbrauchen, und wenn sie fahren, ist man traurig.

Wie viele Freundschaften lebt auch unser Dreierclübchen von der Nostalgie. Wer weiß, ob die Nächte wirklich so geleuchtet haben. Ob die Lieder wirklich so gut waren. Ob wir kaum Worte brauchten oder einfach nichts zu sagen hatten.

Aber die Erinnerung ist gnädiger als die Gegenwart, besser im Beleuchten. Vieles verdrängt man, wenn man über Freundschaften schreibt, vor allem über solche, die schon so lange halten. Doch irgendwas muss es sein, was uns auf allen elektronischen Kanälen einander kleinste Erschütterungen unserer Leben mitteilen lässt, sei es ein neues Tattoo oder ein neuer Freund. Oft hört man den Vorwurf, das Internet könne Freundschaften nicht aufrechterhalten.

Freunde, das sind Leute, die das Gegenteil beweisen.

CONNIE PALMEN

Deine Ara

Ara Callenbach heißt nur Barbara, ist einen Meter einundsechzig groß, hat sechs Schwestern, keine Brüder, und will mir nicht verraten, wie viel sie wiegt.

Das ist ein harter Schlag, und verstehen tue ich es auch nicht.

»Dann kann ich bei dir nicht alles ausfüllen«, sagte ich entrüstet.

»Ich trau dir nicht«, sagte sie.

Das erschreckte mich sehr.

Als ich das erste Mal bei Ara zu Hause war, kam ich aus dem Staunen nicht mehr heraus. Es hatte geraume Zeit gedauert, bis sie mich zu sich einlud, ohne dass sie je irgendwelche Einwände dagegen geäußert hätte. Ich hatte in einer Tour gequengelt, ob wir denn nun nicht mal zu ihr gingen oder ob ich nicht mal nachmittags zum Spielen zu ihr kommen solle, aber sie hatte es immer so zu drehen gewusst, dass nichts daraus wurde. Bei uns gefalle es ihr besser, sagte sie, und damit war die Sache erledigt.

Es war ein herbstlicher Mittwochnachmittag im November, und ich langweilte mich schon, als ich gerade mal eine Stunde von der Schule zu Hause war. Draußen wehte ein kräftiger Wind, und ab und zu regnete es ein wenig. Willem las ein Buch, Makkie bastelte in der Garage an einem Perpetuum mobile, und Chrisje schlief. Wir hatten, wie wir das mittwochs öfter machten, schon warm gegessen, Pfannkuchen, und Pfannkuchen sind schnell verputzt.

Seit Willem und Makkie in der Stadt zur Schule gehen, essen wir abends warm, außer mittwochs, wenn sie frei haben, da bekommen wir manchmal zwei warme Mahlzeiten am Tag, vor allem wenn es draußen kalt ist. Meine Mutter macht dann Erbsensuppe. Früher aßen wir zuerst die Erbsensuppe aus tiefen Tellern, drehten dann die Teller um, und darauf legte meine Mutter dann die kleinen runden Pfannkuchen. Eigentlich eine komische Angewohnheit, wenn man es mal genau betrachtet. Jetzt essen wir mittags die Pfannkuchen, das ist dann so etwas wie warmes Brot, sagt meine Mutter, und abends essen wir die Suppe.

Ara hatte bis ein Uhr Nachhilfeunterricht, und

ich konnte sie, wenn ich mich beeilte, noch bei der Schule erwischen. Ich sagte meiner Mutter, dass ich Ara abholen würde und wir dann nachher vielleicht zu uns kämen.

»Immer bei uns«, sagte meine Mutter.

Die Schule sah verlassen aus. Ich fürchtete, dass Ara schon weg sein könnte, und wurde ganz traurig. Vor kaum anderthalb Stunden hatte ich mich noch frei und unbeschwert innerhalb und außerhalb der Schulmauern bewegt, aber jetzt kam mir der Schulhof wie verbotenes Gelände vor, auf dem ich nichts zu suchen hatte, und ich wagte nicht, die Mauer zu passieren und das Gelände zu betreten. Mit den Händen in den Taschen blieb ich an der Außenseite der Mauer stehen und spähte zu den Fenstern unseres Klassenzimmers hoch. Ich konnte niemanden entdecken.

Ich hatte mich so darauf gefreut, Ara von der Schule abzuholen, dass ich mir einfach nicht vorstellen konnte, sie sei schon nach Hause gegangen und wir hätten uns verpasst. So ein Pech hatte ich einfach nicht, wenn ich draußen war. Um sieben Minuten vor eins war ich aufgebrochen, und ich hatte den Weg bis zur Schule in weniger als fünf Minuten zurückgelegt, denn ich war gerannt, und wenn ich rannte, brauchte ich nicht auf die Linien zu achten.

Das tue ich nämlich normalerweise, dann trete ich nicht auf die Fugen zwischen den Gehwegplatten, und wenn doch, muss ich vier Platten zurück und noch einmal anfangen, denn tue ich das nicht, stößt meinen Brüdern oder mir noch am selben Tag etwas ganz Schlimmes zu. Wenn nur ich allein davon betroffen wäre, würde ich das gar nicht so schlimm finden, aber ich darf gar nicht daran denken, dass meinen Brüdern durch meine Schuld etwas passieren könnte.

Willem und Makkie hatten schon eine Armbanduhr, aber ich noch nicht, weil wir unsere erste Uhr erst zur Firmung bekommen, und die habe ich in der Sechsten.

Ich wusste nicht, wie spät es war.

Auf den Spielraum von zwei Minuten und die Tatsache vertrauend, dass unsere Lehrerin es mit der Zeit sehr genau nahm, wartete ich geduldig und dachte darüber nach, wie ich den Nachmittag mit Ara verbringen könnte.

Noch bevor ich so richtig mit dem Nachdenken angefangen hatte, kam sie nach draußen. Sie sah mich und winkte. Da erst wagte ich es, den Schulhof zu betreten, um ihr entgegenzulaufen.

»Wie nett«, sagte sie.

Ich machte unwillkürlich einen Luftsprung und stieß ein paar Freudenschreie aus, denn ich wusste nie, was Ara gefiel und was nicht, und war wirklich froh, dass ich die richtige Entscheidung getroffen hatte.

Wir liefen auf dem Gehweg nebeneinanderher – ich durfte normal gehen, denn wenn ich mit jemandem zusammen bin, gilt die Regel nicht –, und Ara schwieg. Ich konnte gut mit ihr schweigen, also schwieg ich auch. Aber Schweigen ist nicht gleich Schweigen, und als wir uns unserem Haus näherten, spürte ich, dass sie an etwas Unangenehmes dachte und dazu ansetzte, es mir zu sagen.

»Nach der Nachhilfe muss ich zuerst nach Hause.«

»Soll ich dann mit dir gehen?«, fragte ich.

Sie stockte und sah mich mit gerunzelter Stirn an. Ich versuchte, so unbeteiligt wie möglich dreinzublicken und mir nicht anmerken zu lassen, in welche Aufregung mich die Vorstellung versetzte, endlich mit zu ihr nach Hause zu gehen, denn nach dieser Aufregung forschte sie, und wenn sie sie von meinem Gesicht ablesen konnte, würde sie mir verbieten mitzukommen. Sie würde mir unterstellen, dass ich das so eingefädelt hatte, dass es mir gar nicht um sie ging, darum, sie von der Schule abzuholen, sondern dass ich auf ganz hinterhältige Weise versuchte, mir Einlass in ihr Haus zu verschaffen.

»Kit«, sagte sie in leicht fragendem Ton.

»Ja?«

»Du bist ein kleines Schlitzohr«, sagte sie, und da wusste ich, dass ich zum ersten Mal mit zu dem Haus durfte, in dem Ara Callenbach wohnte.

Mit größtmöglicher Ruhe sagte ich Ara, dass ich kurz meiner Mutter Bescheid geben würde, und rannte zum Hintereingang unseres Hauses. Erst als ich meiner Mutter zuschrie, dass wir zu Ara gingen, überschlug sich meine Stimme vor Nervosität, aber auch vor Stolz, denn meine Mutter hatte schon des Öfteren geäußert, dass wir bei Ara natürlich nicht reinkommen dürften und dass man das bei gutsituierten Leuten häufiger hätte, dass gerade die besonders knickerig seien und sich hüteten, lauter fremde Kinder ins Haus zu lassen und es denen womöglich noch mit allerlei leckeren Sachen rechtzumachen, denn wenn man das mal zusammenrechnete, was man da so jeden Monat reinsteckte, dann sei das doch ganz schön teuer, und das bei so einem kleinen Einkommen, dafür arbeitete sich mein Vater die Finger wund. Und das sei ja auch alles gar nicht so schlimm, das täten sie ja gerne, bei uns sei jeder willkommen, Hauptsache, wir seien glücklich, darauf komme es ihnen ja nur an, aber wir könnten ruhig ab und zu mal daran denken, dass das nicht selbstverständlich sei und dass bei weitem nicht alle Eltern so verrückt seien wie sie.

Auf dem Weg zu ihr redete Ara kein einziges Wort. Um ihr zu vermitteln, dass mein Besuch bei ihr zu Hause überhaupt nicht ins Gewicht falle und auch nicht lange zu dauern brauche, weil es mir darauf gar nicht ankam, fing ich davon an, was wir hinterher, wenn wir wieder bei mir zu Hause waren, Schönes machen konnten. Ich erzählte ihr, dass ich ein neues Spiel mit Wörtern für uns ausgedacht hätte, dass ich sie extra deswegen abgeholt hätte, um das mit ihr zu spielen. Man müsse dafür alle Vornamen, die es in der Familie gab, aufschreiben, auch die zweiten Namen, wenn es welche gab, und dann müsse man aus den Buchstaben dieser Namen möglichst viele neue Namen machen, das hätte ich mir im Laufe der Woche ausgedacht, denn das sei eine gute Übung für sie.

Ich erfand das aus dem Stegreif, aber nur um Ara zu beruhigen und ein bisschen aufzumuntern, denn wenn sie auch noch bei sich zu Hause so muffelig war, dachten ihre Eltern womöglich, dass sie mich mitschleifte, ohne es selbst zu wollen, und das wäre kein guter Start. Ich fand, sie sollte denen zeigen, dass sie wirklich meine Freundin war, wenn ich auch jünger und kleiner war, und dass so etwas sehr wohl ging, was uns betraf. Vor lauter Anspannung und Nervosität plapperte ich in einem fort, denn ich war nicht nur neugierig, sondern auch ängstlich und verlegen, wie immer, wenn ich ein fremdes Haus betreten muss oder Leute treffen werde, denen ich noch nie in meinem Leben begegnet bin.

Ara blieb schweigsam und widerborstig, und ich redete mir mehr und mehr ein, dass ich es nicht besser verdient hatte und für meinen Betrug bestraft wurde, dass sie mich wortlos durchschaute und völlig recht hatte, mich total zu ignorieren und nicht den geringsten Versuch zu unternehmen, mir meinen ersten Besuch in irgendeiner Weise zu erleichtern, dass ich mir das alles selbst zuzuschreiben hatte. Ihr konnte ich nichts vormachen.

Als wir endlich bei ihrem Haus ankamen, hatte ich im Geiste schon zehnmal wiederholt, dass ich einfach draußen warten würde, aber als sie auf dem schmalen Weg, der um das Haus herumführte, vor mir herlief, schaute Ara sich nicht einmal nach mir um, so dass mir nichts anderes übrigblieb, als ihr zu folgen.

Hinter dem Haus befand sich ein Garten, der weitgehend von einem Zwinger eingenommen wurde, in dem sich eine geräumige Hundehütte aus Stein befand. Im gleichen Moment, als Ara darauf zulief, kam ein Hund aus der Öffnung der Hütte hervorgekrochen, sprang an den Eisenstäben des Zwingers hoch und fing laut an zu bellen. Da lachte Ara über das ganze Gesicht und redete wieder, mit dem Hund.

»Brutus, braver Hund«, sagte sie.

Sie öffnete die Tür des Zwingers und streichelte den Hund, der an ihr hochgesprungen war und sich mit den Vorderpfoten auf ihre Schultern stützte.

Ich blieb draußen vor dem Zwinger stehen und sah ihr zu. Ein Hund passte gut zu Ara, fand ich.

»Du kannst ihn ruhig streicheln«, sagte Ara, »er ist ganz lieb.«

Aber ich traute mich nicht, und das sagte ich ihr auch.

Nachdem sie dem Hund frisches Futter gegeben hatte, öffnete Ara die Hintertür – zur Küche, wie sich herausstellte, einer großen, nagelneuen Küche mit weißen Schränken und glänzenden weißen Kacheln auf dem Fußboden und an den Wänden. Es schien, als sei in dieser Küche noch nie gekocht worden, so sauber sah sie aus und so unsichtbar waren die Dinge, die zum Kochen dazugehören, Töpfe und Kessel und Gläser mit Gewürzen oder

Mehl oder Nudeln. Auch einen Geschirrtuchhalter, wie er bei uns und bei anderen Kindern zu Hause hing, mit so einem Baumwollvorhang davor, auf den Sprüche gestickt waren wie: *Eigener Herd ist Goldes wert,* gab es nicht. So einen hatte doch jeder.

Was die Küche aber so unwirklich machte, war nicht die Unsichtbarkeit der Küchenutensilien; was vor allem fehlte, waren Essensgerüche. Es roch nach Farbe.

Ara machte einen Schritt nach links, öffnete den Schrank, der direkt neben der Tür unter der Anrichte angebracht war, bückte sich und holte etwas hervor, das ich nicht gleich identifizieren konnte.

»Hier«, sagte sie, »die musst du dir über die Schuhe ziehen.«

Sie reichte mir ein Paar unförmiger Pantoffeln aus einem Stück Waschleder, durch das ein Gummiband gezogen war. Dabei sah sie mich nicht an. Allmählich ging mir auf, warum Ara mich lieber nicht mit zu sich nach Hause genommen hatte.

»Fühlt sich gut an«, sagte ich.

Nun sah sie mich an, ohne zu lächeln, aber mit einem ganz sanften Ausdruck im Gesicht.

Das kann einen durch und durch glücklich machen, wenn Ara einen so ansieht, und es machte mich auch glücklich. Jetzt konnte passieren, was wollte, mit so einem Blick von Ara kam ich mindestens einen Monat lang gut über die Runden.

Es vollzieht sich im Kopf wohl ganz automatisch, dass man, hat man zuerst das Kind kennengelernt, ohne dessen Eltern gesehen zu haben, dass man dann erwartet, die Eltern müssten dem Kind ähneln oder zumindest auch so groß und dick sein oder so und zum Beispiel dieselbe Haarfarbe haben.

Ich konnte mir nicht vorstellen, dass die Frau, die ich zu sehen bekam, Aras Mutter war.

Ara hatte die Tür zum Wohnzimmer für ihre Verhältnisse sehr behutsam aufgemacht, erst hineingeschaut, bevor sie weiterging, und mir dann mit einem Nicken zu verstehen gegeben, dass ich ihr folgen konnte. Sie machte die Tür weit auf, und das Erste, was ich von dem Zimmer sah, war eine Flut von Holz, eine große, glänzende Fußbodenfläche ohne Teppiche. Die ersten Schritte, die ich darauf machte, vermittelten mir ein eigenartiges Gefühl, so als würde ich in all dem Glanz ertrinken. Die Pantoffeln riefen zwar unschöne Geräusche hervor, waren aber bitter notwendig, denn nur dank dieser Pantoffeln fand ich auf dem Fußboden einigermaßen Halt.

Ara begrüßte zwei Frauen, die, über Bücher gebeugt, an einem Tisch saßen und mich ohne großes Interesse registrierten.

»Das ist Kit«, sagte Ara.

Die beiden Frauen erhoben sich. Ich warf Ara einen fragenden Blick zu und spürte, dass mir das Blut in die Wangen schoss. Ara kicherte und stupste mich in den Rücken. Mit rotem Kopf lief ich auf die Frauen zu, und als die, die mir am nächsten war, mir die Hand entgegenstreckte, begriff ich, dass man sich hier zur Begrüßung die Hand gab.

Das tun wir bei uns zu Hause nie.

Die Frauen sagten ihren Namen, aber ich verstand keinen von beiden.

»Ist Mutter vorn?«, fragte Ara.

Mutter als Name für die eigene Mutter hörte sich für mich seltsam an. Wir gebrauchten das Wort zwar, wenn wir von unserer Mutter sprachen, denn eine Mutter war sie ja schließlich, das war ja eine Art Beruf, wir sagten also zum Beispiel: Unsere Mutter kann gut kochen, aber ihr richtiger Name war Mam oder Mama, so wurde sie angeredet.

Das Wohnzimmer war L-förmig, und mit »vorn« musste der Teil gemeint sein, den wir noch nicht sehen konnten. Auf unseren Pantoffeln steuerten wir nun diesen verborgenen Winkel an, und da sah ich diese Frau, die – für mich unfassbar – Aras Mutter war.

Ich war schon erstaunt gewesen, dass die beiden Frauen am Tisch völlig normale Körper hatten, ganz im Gegensatz zu Ara, aber sie hatten doch genügend Ähnlichkeit mit Ara gehabt, um ihre Schwestern sein zu können. Beide hatten zwar lange Haare, aber von derselben Beschaffenheit wie Aras, rabenschwarz und gewellt. Sie waren schlank, groß, reif und hübsch, das sah man auf Anhieb, aber trotzdem hatten sie nicht so ein schönes Gesicht wie Ara.

Das ist auch praktisch nicht möglich, denn Ara hat das schönste Gesicht von der ganzen Welt.

»Mutter, ich bin da«, sagte Ara.

Sie sagte das zu einer mageren, blonden, alten Frau von mindestens Anfang fünfzig, die, als sie sich aus ihrem Sessel erhob, nur ein paar Zentimeter größer war als Ara selbst und ihr in nichts ähnelte. Weil meine Mutter, als ich schon sieben war, noch ein Kind bekommen hat, Christiaan, wusste ich, dass Kinder in der Mutter drin sind und dass ich auch da drinnen gewesen war. Aber dass Ara in dieser kleinen, schmalen, blonden Frau drin gewesen und aus ihr herausgekommen war, konnte ich mir nicht vorstellen. Das passte nicht zusammen.

Sie gaben sich einen Kuss auf die Wange.

Diese Mutter hielt Aras Gesicht mit beiden Händen fest.

Diese Mutter streichelte Ara danach auch noch kurz über die Wange.

Ich war versucht, den Blick zu senken, weil ich hier etwas mit anzusehen glaubte, das meinen Augen besser verborgen blieb, etwas Verbotenes, aber ich musste einfach hinsehen, so toll fand ich das.

So viel Liebe hatte ich im wirklichen Leben noch nie gesehen. »Das ist Kit«, sagte Ara und machte einen Schritt beiseite, so dass ich ihrer Mutter frontal gegenüberstand. Wir gaben einander die Hand.

»Angenehm«, sagte sie in leicht fragendem Ton.

Ich wusste nicht, was ich damit anfangen sollte.

»Ja«, sagte ich.

Ara musste überglücklich sein mit einer Mutter, die ihr Gesicht in beide Hände nahm und ihre Wange streichelte.

»Nanu, Kindchen«, sagte sie, »dass du schon so schwitzige Hände hast, so klein, wie du bist. Ist mit deinem Stoffwechsel auch alles in Ordnung?«

Was sollte ich darauf antworten?

Ich wusste nicht, dass schwitzige Hände etwas waren, weswegen man sich schämen musste, und wenn ich aus der *Enzyklopädie der Medizin* auch wusste, was Stoffwechsel war, hatte ich keine Ahnung, was das mit Schwitzen zu tun hatte.

»Ach, Mutter«, sagte Ara.

»Soll ich euch eine feine Tasse Tee machen?«, fragte diese Mutter.

Ara ließ mich auf der Treppe vorangehen. Tee sei nicht notwendig, hatte sie zu ihrer Mutter gesagt. Sie würde mir kurz ihr Zimmer zeigen, und dann gingen wir zu mir nach Hause, um ein bisschen Niederländisch zu üben.

Ich hatte den Kopf voller Fragen, über das Klavier, das unten im Wohnzimmer stand, und den großen Schrank voller Bücher, wo ihr Vater war und all die anderen Schwestern und wann Ara etwas zu essen bekam.

Oben an der Treppe wartete ich auf sie, denn ich sah einen Flur mit mindestens fünf Türen vor mir, und ich wusste nicht, welche Tür zu Aras Zimmer führte. Sie lief auf eine der hinteren Türen zu und öffnete sie. Ich folgte ihr und betrat ein geräumiges, helles Zimmer, in dem außer zwei Betten noch ein großer Schrank und mehrere Tische und Stühle Platz fanden. Und dann war immer noch genügend Raum, um sich bewegen zu können. Die größte Besonderheit für mich war, dass an einer Wand ein Waschbecken angebracht war.

»Kommt da wirklich Wasser raus, hier oben?«

»Natürlich«, sagte Ara.

Wir hatten oben kein Wasser, und ich konnte mir nicht vorstellen, dass man Wasser aufwärtsströmen lassen konnte.

Sie hätten oben auch ein Badezimmer, sagte Ara, und eine Toilette. Mein Staunen machte ihr Spaß, und sie ging mit mir auf den Flur hinaus.

»Das ist mein Lieblingszimmer«, sagte sie, als sie mir das Badezimmer zeigte. Ich hatte noch nie ein Badezimmer gesehen und fand es umwerfend. Ich musste an die Kirche denken, wieso, wusste ich nicht. Und urplötzlich sehnte ich mich nach meinem eigenen Zuhause zurück.

»Musst du noch essen?«, fragte ich Ara.

Sie verneinte und sah mich streng an. Ich tat, als hätte ich diesen Blick nicht bemerkt.

»Wann esst ihr warm?«

»Um halb sieben.«

»Sind dann alle da?«

»Wieso?«

»Dein Vater und deine Schwestern?«

»Die, die hier wohnen, ja«, sagte sie.

Ich sah sie verständnislos an. Sie sagte, dass ihre beiden ältesten Schwestern nicht mehr zu Hause wohnten, dass sie in einer anderen Stadt zur Schule gingen.

Natürlich fragte ich mich, wie diese Schwestern wohl hießen, wo sie wohnten, was für Schulen das waren, wann sie nach Hause kamen, ob sie einen Freund hatten und ob sie in diesem Haus noch ein eigenes Zimmer besaßen, mit Betten, in denen sie schlafen konnten, aber Ara durfte man nicht zu lange mit solchen Fragen belästigen, das verdarb ihr die Laune.

Ich schlug vor, dass wir dann zu uns gehen könnten, und sie war einverstanden. Als wir die Treppe hinunterliefen, wurde mir bewusst, dass ich mir Aras Zimmer schlecht eingeprägt hatte und mich schon jetzt nicht mehr erinnern konnte, ob etwas an den Wänden gehangen hatte.

Unten in der Eingangshalle befanden sich die Eingangstür, die Tür zum Wohnzimmer und ein niedriger Schrank mit Schubladen. Ara zog ihre Pantoffeln aus, wartete, bis ich das Gleiche getan hatte, und legte sie in eine Lade. Ich fragte mich, wie das wohl bei Besuch gehandhabt wurde, wenn Erwachsene kamen, ob die dann auch solche Pantoffeln über die Schuhe ziehen mussten. Wenn eine Dame mit Stöckelschuhen kam, ging das ja gar nicht, und solche spitzen Absätze waren viel schlimmer für den Fußboden als unsere flachen Schuhe mit Kreppsohlen.

Ara öffnete die Tür zum Wohnzimmer, trat aber

nicht über die Schwelle. Von der Türöffnung aus konnten wir ihre Mutter im Sessel sitzen sehen. Sie las eine Zeitschrift und hatte eine Brille auf.

»Mutter, wir gehen zu Kit«, sagte Ara.

»Hast du etwas Obst gegessen und Milch getrunken?«

»Später.«

»Nett, dich kennengelernt zu haben, Kit«, sagte diese Mutter.

»Ja«, sagte ich und kam mir furchtbar unbeholfen vor.

Es musste bessere Entgegnungen auf diese Art von Floskeln geben, da war ich mir sicher.

Dass sie mir nicht traue, sagte sie, als wir dann oben in meinem Zimmer saßen. Meine Mutter hatte uns Brause eingeschenkt, und Ara hatte zwei von den kalt gewordenen Pfannkuchen gegessen, die auch dann noch sehr gut schmecken, denn meine Mutter tut Rosinen und Äpfel hinein, und sie macht sie aus Teig, der erst aufgehen muss, so dass Luftlöcher drin sind, auch noch, wenn sie abgekühlt sind.

Ich hatte Ara noch nie etwas essen sehen, und sie zögerte, als meine Mutter ihr den Teller mit den Pfannkuchen hinhielt, aber meine Mutter sagte, dass sie sie ruhig annehmen könne, dass sie nichts lieber sehe, als wenn alles bis zum letzten Krümel weggeputzt werde, dass sie erst dann zufrieden sei.

»Dann gerne, Frau Buts«, sagte Ara, und meine Mutter legte zwei Pfannkuchen auf einen Teller und holte extra für Ara noch einmal das Sieb hervor, in das die Zuckerklümpchen kommen, die dann als feiner Puder unten herausrieseln, und sie bestäubte die Pfannkuchen, bis sie schön weiß waren.

Andere Kinder sagen »Tante Jet« zu meiner Mutter, aber Ara sagt »Frau Buts«, und da bin ich schon heilfroh, dass sie so höflich ist, weil man sich wegen Ara nämlich manchmal schämen muss, wenn sie so muffelig ist, und wenn sie dann »Frau Buts« zu meiner Mutter sagt, merkt man doch, dass sie gut erzogen ist und sehr wohl weiß, wie man sich zu benehmen hat.

Ich hoffte, dass sie meiner Mutter zu verstehen geben würde, wie köstlich die Pfannkuchen waren, denn ich fand es sehr nett von meiner Mutter, dass sie Ara die Pfannkuchen anbot und das gerade erst gespülte Sieb wieder schmutzig machte, und ich kann es nicht leiden, wenn die Arbeit meiner Mutter nicht gewürdigt wird, das lasse ich nicht mal Ara durchgehen. Ara sagte mindestens zweimal, »Sie schmecken köstlich, Frau Buts!«, und ich strahlte meine Mutter an, weil sie doch nun sehen konnte, dass Ara gar nicht so übel ist und lange nicht so einen mürrischen Charakter hat, wie sie immer dachte.

Das Kinn auf den aufgestützten Unterarmen, saß ich Ara gegenüber am Küchentisch und sah ihr beim Essen zu. Dass man mit so anmutigen Bewegungen kauen konnte, war mir bis dahin unbekannt gewesen, aber Ara führte es mir vor. Es war einfach toll, wie sie kaute, mit kleinen, regelmäßigen Kieferbewegungen, und mit der Zungenspitze leckte sie sich genüsslich den Puderzucker von den Lippen.

Kauen tut man ganz von selbst so, wie man es tut, habe ich immer gedacht, aber so vornehm kann man meiner Meinung nach nur kauen, wenn einem das jemand beigebracht hat.

Mein Zimmer ist klein, aber dafür gehört es auch mir allein. Ara und ich saßen zusammen auf dem Bett, und ich hatte mein Notizheft unter der Matratze hervorgeholt, um ihr die mittleren Seiten zu zeigen. Sie hatte sie sich angesehen und die Stirn gerunzelt, eine Reaktion, die mich angesichts einer so wichtigen Offenbarung ziemlich enttäuschte.

Ich sagte ihr, dass ich ihre Seite auch ganz ausfüllen müsse, dass es erst dann gültig sei. Widerwillig rückte sie damit heraus, dass sie nur einen Vornamen habe und einen Meter einundsechzig groß sei. Dann hörte sie abrupt auf zu reden.

»Ich will das nicht«, sagte sie. »Ich will nicht, dass diese Sachen über mich irgendwo aufgeschrieben sind.«

»Warum denn nicht?«, fragte ich erstaunt.

Zuerst sagte sie, dass ihr die Vorstellung einfach unangenehm sei. Ich wandte dagegen ein, dass das Heft geheim sei und ich es niemand anderem zeigen würde und dass sie mir alles sagen müsse, denn sonst könne ich bei ihr nicht alles ausfüllen.

»Ich trau dir nicht«, sagte sie da.

*

»Du kommst mit allen gut aus«, hatte Ara gesagt und auch, dass sie Tiere lieber möge als Menschen. Tieren könne man hundertprozentig vertrauen, sie würden einen nicht belügen und betrügen und blieben einem immer treu.

Anfangs war ich erschrocken, dann wurde ich traurig, und als sie das von den Tieren sagte, wurde ich böse.

Tiere zu mögen ist keine Kunst, finde ich; klar, sie kennen das Böse nicht, aber demnach können sie auch nichts Gutes tun. Sie haben keinen richtigen Verstand und könnten daher gar nicht lügen, auch wenn sie es wollten, und sie hängen nur an demjenigen, der ihnen regelmäßig zu fressen und zu trinken gibt, das tun sie nicht, weil der einen besonders noblen Charakter hat oder so, das kann so ein Tier ja gar nicht wissen. Sie mögen einen Menschen auch, wenn er sie tritt und schlecht behandelt, das kann ich selbst bezeugen, denn unser Nachbar hat einen Hund, und der Nachbar ist ein grober Barbar, das sagt meine Mutter auch immer.

Aber sie sagt, dass ich den Leuten das nicht zu sehr ankreiden darf, denn früher waren die Bauern eben so, die Leute hatten was anderes zu tun, als an ihrem Charakter zu feilen, denn ein Bauer schuftete Tag und Nacht, und der konnte auch nicht darauf achten, ob seine Kleider frisch rochen und sauber blieben. Jetzt, auf ihre alten Tage, haben unsere Nachbarn, die keine Kinder haben, nur noch ein paar Hühner und diesen Hund. Der kann einem wirklich leidtun, denn der Nachbar schmust nie mit ihm, der schimpft nur auf den armen Hund, und manchmal tritt er ihn auch. Aber trotzdem läuft der Hund treu und brav hinter dem Nachbarn her, wo der auch geht und steht, immer ist der Hund da und schaut mit schiefgelegtem Kopf zu seinem Herrchen auf. Und das nur, weil er von ihm zu fressen bekommt, das hat mein Vater mir erzählt. Jedes Tier gehorcht demjenigen, der es füttert, und sonst niemandem.

Tiere sind furchtbar dumm. Man kann genauso

gut einen Backstein nehmen und so tun, als sei das ein Hund, das ist praktisch ein und dasselbe.

Das alles sagte ich Ara und auch, dass ich es unsinnig fände, Tiere mehr zu mögen als Menschen. Menschen seien das höchste Gut auf Erden, sagte ich.

Ich war gekränkt. Ich verstand nicht, wie Ara so etwas Gemeines zu mir sagen konnte, dass sie mir nicht traute, nur weil andere Kinder mit mir spielen wollten und ich mit allen gut auskam. Vielleicht meinte sie es ja gar nicht so, überlegte ich, und das Ganze hatte im Grunde mit meinem Geburtstag zu tun, den ich vor einer Woche gefeiert hatte.

Zu meinem Geburtstag wollen immer alle kommen, und wochenlang vorher schreiben mir die Mädchen, mit denen ich gerade nicht so viel zu tun habe, schon Briefchen. Darin laden sie mich ein, nachmittags zu ihnen zum Spielen zu kommen, nur um sich einzuschmeicheln natürlich, und Diny hat mir sogar ein Bild gemalt, mit solchen scheinheiligen Herzchen drauf, aber die ist ja auch die Oberschleimerin, und die lade ich bestimmt nie zu meinem Geburtstag ein. Ich darf jedes Jahr acht Mädchen einladen. Ein paar kommen von vornherein nicht in Frage, und derentwegen, also Diny und

Josien und so, brauche ich mir keine Gedanken zu machen, weil ich sowieso nichts mit ihnen zu tun habe. Aber für die anderen Mädchen gilt, dass man sie schrecklich damit bestraft, wenn man sie nicht einlädt.

Ausgestoßen zu werden ist das Schlimmste, was es gibt, wirklich.

Ich verstehe nicht, wieso Gott nicht das Ausstoßen zur Todsünde gemacht hat.

Ich habe Katrien damit mal unheimlich zum Weinen gebracht, und sie weint nun wirklich nicht so schnell. Ich habe sie einmal nicht zu meinem Geburtstag eingeladen, da war ich in der Dritten, nur um sie für etwas zu bestrafen, wofür, weiß ich schon gar nicht mehr. An meinem Geburtstag wurde vormittags im Unterricht ein Lied für mich gesungen, kurz vor der Pause, und da ist es passiert, da hat Katrien so furchtbar geheult. Ich fühlte mich schuldig, aber ich war auch böse, weil sie mir mit ihrem Geschniefe ein bisschen den Geburtstag verdarb. Ich hab sie dann schließlich doch noch eingeladen. Noch viel besser als an den Tränen kann man aber eigentlich an der Erleichterung von jemandem ablesen, wie sehr er darunter gelitten hat, ausgeschlossen zu sein, denn Katrien war so dankbar, dass sie mir gar nicht mehr von der Seite wich, was mir auch wieder ganz schön auf die Nerven ging. Ich fühlte mich jetzt zwar gut und großmütig, machte mir aber den ganzen Vormittag Sorgen, ob es meiner Mutter nicht zu viel werden würde, wenn noch ein Mädchen dazukam.

Für Sünden muss man büßen, da kommt man nicht drum herum.

Ara hatte ich natürlich als Allererste zu meinem elften Geburtstag eingeladen, aber sie wollte nicht kommen.

»Ich feiere lieber mit dir allein«, hatte sie gesagt und dass sie nicht so viel Lust auf die Mädchen aus der Fünften habe. Das konnte ich verstehen. Es war vielleicht auch besser so, denn wenn Ara und ich zusammen sind, bleibt nicht genügend Aufmerksamkeit für die anderen, und auf seinem eigenen Fest muss man für jeden da sein, das gehört sich so.

Nachdem sie gesagt hatte, dass sie mir nicht traue, dachte ich, dass Ara sich vielleicht darüber ärgerte, wie gern die Mädchen zu meinem Fest kamen und zu welchen Heucheleien sie imstande waren, um das hinzukriegen.

Aber wenn das so war, fand ich es reichlich unverständig von ihr, denn ich konnte doch nichts dafür, dass alle Mädchen mit mir befreundet sein wollten, so war das nun mal, und es war schon immer so gewesen. Es kam im Leben nicht darauf an, wer *mich* mochte, sondern wen *ich* mochte, davon war ich überzeugt. Und ich fand eben alle nett, mehr aber auch nicht. Es war mir ziemlich egal, was andere von mir dachten, denn etwas Besonderes dachten sie meiner Meinung nach sowieso nie. Sie hatten eigentlich viel Ähnlichkeit mit den Lehrbüchern, die wir in der Schule hatten. Bei denen kam es mir auch immer so vor, als hätte ich sie schon mal gelesen und würde sie auswendig kennen, als hätte ich sie genauso gut selbst schreiben können, wenn mir nicht jemand zuvorgekommen wäre.

Ich sagte ihr, es sei doch gar nichts Schlimmes dabei, wenn man andere nett behandle, und es sei ein himmelweiter Unterschied, ob man einfach jemanden nett behandle oder ob man mit ihm befreundet sei. Ich sagte, dass nur sie meine Freundin sei und niemand sonst, jetzt nicht und auch früher nicht.

»Die anderen interessieren mich nicht«, sagte ich.

Sie war nur schwer zu überzeugen. Sie sagte, dass sie nicht verstehe, warum ich mir ausgerechnet sie ausgesucht hätte, wo doch die anderen mindestens genauso nett oder netter seien. Und auch klüger und hübscher.

Ich sagte, dass ich noch nie jemand so Netten kennengelernt hätte wie sie und dass ich sie für das hübscheste Mädchen hielte, das ich in meinem ganzen Leben gesehen hätte, und dass sie auf eine ganz besondere Art auch das klügste Mädchen sei, das ich kannte.

»Ganz ehrlich«, sagte ich.

Sie lächelte.

Das hielt ich für den passenden Moment, um nun doch mit meinem Vorschlag herauszurücken, obwohl ich fürchtete, dass sie es viel zu kindisch finden würde, und deswegen hatte ich auch die ganze Zeit nicht mehr daran gedacht. Aber Ara verlangte handfeste Beweise, und ich konnte mir keinen handfesteren Beweis vorstellen als Blut.

Ich machte ihr den Vorschlag.

Sie war einverstanden.

Vor lauter Glück konnte ich an diesem Abend nicht einschlafen. So geräuschlos wie möglich stieg ich aus dem Bett, tastete mich im Dunkeln zum Tisch und knipste die Lampe an, nachdem ich zuvor noch mein Unterhemd über den Schirm gehängt hatte. Ich holte mein Notizheft unter der Matratze hervor, nahm die Nadel, die wir nachmittags benutzt hatten, und legte den Federhalter bereit, mit dem ich manchmal zeichnete. Ich war schon ein bisschen geübt. Da die rechte Zeigefingerspitze noch weh tat, nahm ich zuerst den linken Daumen. Um das aufzuschreiben, was ich aufschreiben wollte, brauchte ich Blut aus sämtlichen Fingern der linken Hand, dann prangte in der untersten Zeile der mittleren Seiten meines Heftes aber auch der vollständige Satz: Heute, am 14. November 1967, schlossen B. C. und C. B. Blutsbrüderschaft.

Wieder im Bett, überlegte ich mir noch eine ganze Reihe von Sätzen, die ich dem, hätte ich mehr Blut und freie Zeilen gehabt, gern hinzugefügt hätte. Mit so flirrenden Worten im Kopf wie: ›Unzertrennlich‹, ›Für immer und ewig‹, ›Getreu bis in den Tod‹, ›Verbundenheit‹ und ›Freundschaft fürs Leben‹ fiel ich in Schlaf.

Am nächsten Tag ging ich besonders zeitig in die Schule, und es traf ein, worauf ich gehofft hatte: Auch Ara war früher von zu Hause aufgebrochen. Sie lehnte an der Mauer. Wir waren beide ein bisschen verlegen und sprachen nicht darüber. Ich legte den Kopf an ihre Hüfte und verharrte in dieser Haltung. Sie schlug einen Arm um mich, wiegte mich leise und rieb mir dann mit dem rechten Zeigefinger über den Nasenrücken.

Leider erschrak ich darüber und zog in einem Reflex den Kopf zurück, aber ich bin es auch nicht gewohnt, dass jemand mein Gesicht berührt.

Sie blieb vollkommen ruhig, wie das so ihre Art ist.

Ich glaube, dass sie daran gewöhnt ist, weil ihre Mutter sie streichelt und auch weil sie gut mit Tieren umgehen kann. Die können auch spinnig und scheu sein, und das hatte sie auch schon über mich gesagt, dass ich manchmal wie ein scheues Tier sei und auch ein bisschen spinnig in Bezug auf Berührungen.

Sie wartete ruhig ab, bis mein Kopf wieder normal war und an ihrem Schenkel ruhte, ohne zu zucken, und probierte es dann einfach noch einmal. Diesmal war ich darauf vorbereitet und ließ es zu, dass sie mir über den Nasenrücken strich, und mir gefiel das zusehends besser. Als es zum ersten Mal läutete, hob ich den rechten Zeigefinger. Sie drückte ihre Zeigefingerspitze gegen meine Zeigefingerspitze, und als ich den Kopf wandte und zu ihr hochschaute, sah ich, dass sie mindestens genauso glücklich war wie ich.

Niemand konnte sich einen Reim darauf machen – es war unsere erste Geheimsprache –, aber in all den Jahren haben Ara und ich uns immer so begrüßt, indem wir die Spitzen unserer Zeigefinger gegeneinander drückten und sie danach ineinander verhakten. Nur wir wussten, was das zu bedeuten hatte.

*

Wir durften in der Schule nur in extremen Ausnahmefällen Hosen tragen, was ich sehr betrüblich und auch ziemlich unsinnig fand. Ein Ausnahmefall war gegeben, wenn es mindestens zehn Grad unter null waren, aber dann zeigte sich auch, wie unsinnig das Ganze war, denn dann musste man über den langen Hosen trotzdem noch einen Rock tragen, und das sah furchtbar debil aus.

Das Wort *debil* hab ich von Willem, der lernt so was natürlich auf dem Gymnasium, denn da werden ihnen schwierige Wörter in allen möglichen Sprachen beigebracht. Wenn er Makkie beschimpfen will, sagt er also so was wie *debil, imbezil, frustriert, Egoist* und *Hypokrit.* Ich weiß nicht genau, was diese Wörter bedeuten, aber ich bin mir sicher, dass man all das lieber nicht sein sollte. Diese neuen Wörter haben *Puber* allerdings nicht vom ersten Platz verdrängen können, Puber bleibt unser schlimmstes Schimpfwort, damit kann man die Jungs ganz schön auf die Palme bringen. Zu mir sagen sie nie Puber oder diese anderen Wörter. Sie schimpfen eigentlich nur auf mich, weil sie finden, dass ich zu empfindlich bin und zu schnell heule.

Das stimmt.

Manchmal könnte ich den ganzen Tag heulen, ohne zu wissen, warum, denn ich bin doch unheimlich glücklich.

Meine Mutter sagt, dass man es meinem Gesicht schon ansieht.

Ara trug andere Sachen als wir, ganz schicke, die gar nicht in Mode waren, in denen sie aber trotzdem nie debil aussah. Sie trug Röcke und Kleider, die ihr manchmal bis über die Knie gingen und die aus bunten Stoffstücken gemacht waren, eigenhändig von ihrer Mutter, hatte sie mir erzählt.

Meine Mutter meinte, Frau Callenbach nehme dafür ganz teure Stoffe, sie zählte auch auf, was das für Stoffe waren, aber ich konnte es nicht behalten. Einen ihrer Pullover nannte Ara selbst ihren Kaschmiserepullover, es war ein knallroter, ganz auffälliger, der ihr toll stand, und er war aus superweicher Wolle, die ich einfach immer anfassen musste. Extra für mich ließ sie dann in der Pause den Mantel offen, damit ich die Wange an ihrem Pullover reiben konnte, was ich unheimlich schön fand und Ara auch. Dadurch wurde ihr Kaschmiserepullover zu etwas, was uns gemeinsam gehörte. Ara ging nie ohne Mantel auf die Straße, egal, ob es kalt oder warm war, aber ich konnte schon morgens an ihren Augen ablesen, ob sie unter dem Mantel diesen Pullover anhatte. Ara konnte mit ihrem Gesicht viel erzählen, sie hatte vielerlei Ausdrücke und Blicke zur Verfügung, und zu diesem Pullover gehörte der schelmische Blick. Dann hielt sie den Kopf ein wenig schief, verdrehte die Augen nach oben und lachte mit geschlossenem Mund zwei Grübchen in ihre Wangen. Wenn sie besonders ulkig sein wollte, behielt sie diesen Blick bei, knöpfte langsam ihren Mantel auf und schlug die beiden Seiten mit einem energischen Ruck zurück, um mir zu zeigen, was sie darunter anhatte. Als sie das zum ersten Mal machte, konnte ich gar nicht mehr aufhören zu lachen und fing sogar während des Unterrichts noch ein paarmal an zu glucksen, was mir an diesem Morgen wieder mal eine Strafarbeit einbrachte, denn als die Lehrerin fragte, was denn so lustig sei und ob sie und der Rest der Klasse nicht auch mitlachen dürften, gab ich natürlich keine Antwort.

Sie müssten wohl immer was anderes haben als andere Leute, meinte meine Mutter, denn sie hatte Frau Callenbach beim Einkaufen im Végé-Markt getroffen, und die hatte so einen komischen Hut auf dem Kopf gehabt, obwohl es ein ganz gewöhnlicher Wochentag war. Frau Callenbach hatte sich meiner Mutter als Marlies Callenbach, die Mutter von Ara, vorgestellt, und sie hatte meine Mutter eingeladen, mal auf ein Tässchen Tee zu ihr zu kommen.

»Sie hat mir sogar die Hand gegeben«, sagte

meine Mutter mit spöttischem Lächeln. Das fand ich unfair von ihr, denn es war doch gut gemeint gewesen.

»Ja«, sagte ich, »das ist bei ihnen so üblich. Das gehört sich so, wenn man sich vorstellt.«

Meine Mutter sagt, sie finde sie jedenfalls ziemlich etepetete, aber das hat auch damit zu tun, dass Aras Mutter Hochsprache spricht.

Meine Mutter mag keine auffällige Kleidung, aber ich finde das bei Aras Familie ganz in Ordnung, weil die wirklich was Besonderes sind, und dann kleidet man sich eben dementsprechend.

Daher wird Ara wohl auch so stolz sein, von Haus aus, denke ich, denn ich kann mir nicht vorstellen, warum man sonst stolz auf sich selbst sein sollte. Man kann stolz sein auf etwas, was einem gut gelungen ist, weil man sich Mühe gegeben hat, auf eine Zeichnung oder so, und man darf auch ruhig stolz sein, wenn man im Begriff war zu sündigen und es dann doch nicht tut, weil man es sich noch einmal überlegt hat.

Bei mir hält das Stolzsein nie lange an, deshalb finde ich es schon außergewöhnlich, wenn jemand von sich aus stolz ist. Nachdem ich Aras Vater kennengelernt hatte, verstand ich etwas besser, woher Stolz kommen kann.

Der erste Besuch bei Ara zu Hause hatte mir die größte Scheu genommen, und nun suchte ich Ara regelmäßig und ohne Vorankündigung auf. Über die wechselhafte Begrüßung durch Aras Mutter, mal wenig herzlich, dann wieder mit übertrieben großem Interesse an meinem Tun und Lassen, setzte ich mich mit Leichtigkeit hinweg, indem ich mir sagte, dass ich nicht mit Aras Mutter verheiratet war und mich durch nichts daran hindern lassen würde, in Aras Nähe zu sein.

Unsere Lehrerin hatte uns nicht auseinanderbringen können, meine Mutter nicht, und auch Aras Mutter würde es nicht gelingen.

Der Mann, den ich sah, als ich Aras Haus eine Woche nach meinem ersten Besuch durch die Hintertür betrat, war auf Anhieb als Aras Vater erkennbar. Ein großer Mann mit lockigem, grauem Haar, durch das noch etwas vom früheren Schwarz schimmerte. Er sah sehr gut aus und keineswegs wie jemand, der in einem Büro arbeitete, denn er trug Schlabberhosen und einen Pullover, und das ist ja nicht gerade die Kleidung, die man sich bei jemandem vorstellt, der in einem Büro arbeitet. Ara hatte mir erzählt, dass ihr Vater Ingenieur sei und oft Überstunden mache. Beides hatte ich sehr interessant gefunden, denn ein Ingenieur war wohl was Hohes, und Überstunden gehörten zur Magie eines Berufs, unter dem ich mir nicht das Geringste vorstellen konnte.

Aras Vater gab mir die Hand und sagte, dass ich wohl Kit Buts sein müsse, die so gut in Niederländisch sei, und ich sagte ja, denn ich bin die Kit Buts, und na ja, geht so, denn Komplimente soll man nicht so gierig annehmen, dann denken die Leute, dass man eingebildet ist. Es freute mich sehr, dass bei Ara zu Hause offenbar von mir gesprochen wurde und sie eine positive Meinung über mich hatten, dass ich gut in Niederländisch sei und so.

Aras Vater steigerte meine Freude sogar noch, als er mich dann aufs Neue ansah und sagte: »So, so, Kit, du bist also die Freundin meiner prachtvollen jüngsten Tochter?«

Zwei Dinge schossen mir in dem Moment durch den Kopf: dass unsere Freundschaft offen anerkannt wurde und dass Aras Vater stolz auf seine eigene Tochter war und dies laut und in ihrem Beisein verkündete. Mein Vater würde nie im Leben von seinem eigenen Kind sagen, dass er es prachtvoll finde.

So etwas gab es bei uns nicht. Im Gegenteil, wir sollten uns gerade ein Beispiel an anderen nehmen, denn die waren meistens besser als wir, im einen oder anderen. Wir waren bescheiden, und ich wusste nur, dass es gut war, bescheiden zu sein.

*

Ich war elf geworden und zwölf, und beide Male war Ara nicht bei meiner Geburtstagsfeier gewesen. Sie wollte sich lieber mit mir treffen, wenn niemand anders um mich herumscharwenzelte, sagte sie, und diesem Wunsch entnahm ich, dass sie mich gern hatte.

Mittlerweile verstand ich Aras Stolz besser und auch, dass Stolz eine Last sein kann, vor allem, wenn er einem aufgedrückt wird.

Stolz galt bei Ara zu Hause als eine Art Familienmerkmal, daher hieß es bei Aras Vater auch immer *ein* Callenbach, und er sagte dann so komische Dinge wie *ein* Callenbach tue dies oder jenes nicht.

»Was soll denn das sein, ein Callenbach?«, fragte ich Ara dann hinterher. »Man ist doch nicht jemand Besonderer, weil man Callenbach heißt, sondern weil man wirklich ein besonderer Mensch ist, und man lässt etwas bleiben, weil man es für falsch hält und nicht, weil man einer bestimmten Familie angehört, oder?«

Kratzbürstig wandte Ara ein, sie finde es gerade

schön, dass ihr Vater stolz auf sie sei, und man müsse auch stolz auf sich sein, weil man sich sonst viel zu viel von anderen gefallen lasse. Sie fand es auch gar nicht schlimm, wenn ihr Vater ihr sagte, sie solle diesen oder jenen Rock anziehen, der stehe ihr so gut. Es gefiel ihr sogar, wenn sie das für ihn tun konnte.

»Aber es ist doch schrecklich altmodisch«, sagte ich zu ihr, »dich wie ein Mädchen behandeln zu lassen.«

»Aber ich bin doch ein Mädchen«, sagte sie und sah mich an, als wollte sie mich mit dieser Art von Logik niederwalzen.

Das wirkte. Ich wusste nicht, was ich darauf entgegnen sollte. Ich hatte mit Sicherheit auf etwas anderes abgezielt, etwas, worin ich anderer Meinung war als sie, aber ich konnte nicht in Worte fassen, was das genau war und worüber ich mich so empörte.

Im Frühjahr 1967 machte sich für uns in der fünften erstmals so richtig bemerkbar, dass die sechste Klasse die Schule verlassen würde.

An manchen Tagen saßen nur ein paar Mädchen aus der Sechsten im Klassenzimmer, der Rest legte dann gerade irgendeine Aufnahmeprüfung für eine weiterführende Schule ab. Mehr als die Hälfte der

Mädchen aus der Sechsten würde auf die Hauswirtschaftsschule gehen, der Rest auf die Mittelschule. Nur ein Mädchen kam auf die Oberschule.

Dank der Nachhilfestunden unserer Lehrerin war Ara in die Gruppe von Mädchen aufgestiegen, die die Aufnahmeprüfung für die Mittelschule machten, was mich ungeheuer freute, weil wir eine bei uns im Dorf hatten, und es beruhigte mich zu wissen, dass sie in meiner unmittelbaren Nähe blieb.

Ich habe am liebsten alle ganz in meiner Nähe.

Bei meinen Brüdern geht mir das auch so. Die beiden älteren sind auf einer Schule in der Stadt, Willem auf dem altsprachlichen Gymnasium und Makkie auf dem Realgymnasium, und ich bin oft genug in der Stadt gewesen, um zu wissen, dass das alles nicht so furchtbar weit von hier entfernt ist, höchstens fünf Kilometer, aber trotzdem kommt es mir jeden Morgen so vor, als ob sie in eine andere Welt ziehen würden, die nichts mit der Stadt, die ich kenne und in der ich manchmal mit meiner Mutter einkaufen gehe, zu tun hat. Das liegt auch daran, dass sie ein bisschen so aussehen, als gingen sie auf Reisen und kehrten nie mehr zurück, denn weil sie zum Mittagessen nicht nach Hause kommen, macht meine Mutter jeden Morgen eine Plastikbox mit belegten Broten und was Süßem, einem Riegel Schokolade oder einer Rolle Drops, für sie fertig.

Kaum hatten die Jungs sich auf den Weg in die Schule gemacht, da vermisste ich sie schon wie verrückt, selbst wenn ich mich gerade erst mit ihnen gestritten hatte. Meine Mutter sagte, das würde sich legen, wenn ich selbst erst einmal auf der höheren Schule sei, aber ich hatte da meine Zweifel, denn mit dem Vermissen ist das bei mir so eine Sache.

Ich hab das zum Beispiel auch abends, wenn ich allein sein möchte und in mein Zimmer gehe, dass ich das nicht genießen kann, wenn ich weiß, dass die Jungs weg sind und nicht gemütlich unten im Wohnzimmer vor dem Fernseher sitzen. Sobald Willem und Makkie aus dem Haus sind, um einen Freund zu besuchen oder im Jugendtreff Billard zu spielen, fühlt es sich ganz anders an, allein in seinem Zimmer zu sitzen.

Auf ähnliche Weise vermisste ich Ara, seit sie auf die Mittelschule ging, aber es war nicht ganz dasselbe. In der Schule kam ich auch gut ohne sie aus und vermisste sie weder beim Unterricht noch auf dem Schulhof. Ich vermisste sie erst, wenn die Schule aus war und ich zu Hause etwas gegessen hatte.

Dann wollte ich nur noch eins: bei Ara sein. Wir

brauchten gar nicht unbedingt etwas zusammen zu machen, Hauptsache, ich war in ihrer Nähe, dann war alles gut.

Wenn es nach Aras Mutter ging, durfte ich Ara erst um fünf Uhr sehen, weil sie zuerst ihre Hausaufgaben machen musste, aber manchmal hielt ich es nicht aus und klopfte schon um halb fünf an der Hintertür.

Ara bekam in ihrer Schule furchtbar viele Hausaufgaben auf, und ihre Mutter war in der Beziehung sehr streng, die konnte mich rückwärts wieder zum Haus rausgucken, wenn ich früher kam und fragte, ob Ara da sei.

Ich wusste natürlich, dass Ara da war und in ihrem Zimmer saß, aber ich wusste nicht, wie ich es sonst anstellen sollte, schon nach oben zu dürfen und so eine halbe Stunde länger bei Ara sein zu können. Sie antwortete dann nicht gerade bereitwillig, dass Ara in ihrem Zimmer sei und Hausaufgaben mache, und ich musste mich förmlich verrenken, bis ich nach oben durfte.

Ara selbst möchte auch unheimlich gern etwas lernen, denn als sie die Aufnahmeprüfung bestanden hatte, hat sie vor lauter Freude Luftsprünge gemacht, was sonst gar nicht ihre Art ist, was aber goldig aussah bei ihrem mächtigen Körper.

Aber sie ist auch unsicher. Andauernd sagt sie, dass sie es doch nicht schafft auf dieser Mittelschule, dass man sich bei den Prüfungsergebnissen bestimmt vertan hat und dass jeden Moment jemand kommen kann, der ihr verkündet, man habe sich geirrt und sie sei durchgefallen. Ich hab ihr bestimmt schon tausendmal gesagt, dass sie als Durchschnittsnote mindestens eine Drei plus hatte und dass sie es sehr wohl schaffen kann, dass sie eine Million Mal klüger ist als die ganze Mittelschule zusammen, samt den Lehrern und Lehrerinnen. Um sie noch mehr aufzupäppeln, habe ich gesagt, dass sie in Niederländisch bald noch besser ist als ich, denn sie liest inzwischen sehr viel, und außerdem ist ihr Vater, was die Sprache betrifft, sehr streng, der weiß genau, wie man sich richtig ausdrückt.

Wenn ich so einen Vater hätte wie Ara, würde ich mich bestimmt auch ständig verrückt machen, denn er hat immer etwas dazu anzumerken, wie man Wörter zu gebrauchen hat. Manchmal traue ich mich gar nicht mehr, den Mund aufzumachen, wenn er dabei ist, denn ehe ich mich versehe, habe ich wieder etwas falsch gesagt, und wenn er mich dann verbessert, schäme ich mich zu Tode. Ich sage dann zum Beispiel, dass Schokolade bei uns zu Hause nie lange hebt, das sagt man auch so in unserem Dialekt, und dann fragt er, wen oder was denn die Schokolade bei uns schon hochgehoben habe, und dann schäme ich mich so sehr, dass ich am liebsten im Erdboden versinken würde. Das sieht er zwar ganz genau, jeder kann mir das ansehen, denn ich bekomme einen furchtbar roten Kopf, wenn ich mich schäme, aber er kann es trotzdem nicht lassen, mich zu verbessern. Das ärgert mich, und deswegen bewundere ich ihn auch nicht, denn meiner Meinung nach müssen Erwachsene sich etwas verkneifen können, wenn sie Kindern damit helfen, auch wenn es ihnen schwerfällt.

Es ist komisch, aber wenn man jemanden nicht bewundert, kann man es auch nicht ausstehen, dass dieser Jemand stolz auf sich ist.

Jeden Nachmittag um fünf führte Ara Brutus aus, und dann begleitete ich sie. Wir nahmen immer dieselbe Route, den kürzesten Weg in den Wald, wo ich sie zum ersten Mal mit ihrem Hund gesehen hatte. Es sei der schönste Wald, den sie kenne, sagte sie, so sumpfig und urig, man könne sehen, dass der Mensch hier noch nicht die Finger im Spiel gehabt habe. Wir nannten ihn: ›das Land von Moor‹.

Der Name war Aras Erfindung, denn bei uns im Dorf wurde der Wald nach seinem Besitzer, Herstael, genannt, einem richtigen Baron, der inzwischen blind war und im Rollstuhl saß, der aber, meiner Mutter zufolge, bis nach Belgien spazieren konnte, ohne seinen eigenen Grund und Boden zu verlassen.

Ich hatte den Wald nie als etwas Schönes betrachtet und tat das auch jetzt nicht. Ara wohl. Ara liebte die Natur, und das merkte man auch, denn sie kannte die Namen der Bäume und der Pflanzen. Sie konnte auch die Nase in den Wind stecken und sagen, dass da irgendwo in der Nähe Minze wachse oder so, das könne sie riechen. Sie hatte eine feine Nase, nicht nur für solche Dinge, sondern ganz allgemein, auch für das, was in einem vorging, und ob man gute Laune hatte oder nicht.

Eigentlich interessierte der Wald mich überhaupt nicht, nicht als Wald, meine ich. Ich liebte nur ›das Land von Moor‹, unser Land, das sie und ich in Besitz genommen hatten, indem wir es umtauften, und wo wir jeden Tag umherstreiften, wir beide und der Hund.

Anfangs hatte ich manchmal noch meinen eigenen Hund mitgenommen, um auch etwas festhalten zu können, aber es war einfach kein Vergleich gewesen, mein Hund gegen einen richtigen Hund. Ich war zu dem Schluss gelangt, dass alle Tiere, wie zum Beispiel Hunde, ein für alle Mal Aras Ressort waren und nicht meins, genau wie der Wald und das Wissen, das sie darüber besaß, auch Ara vorbehalten bleiben sollten und ich für den Rest meines Lebens keine einzige Pflanze würde bestimmen können, weil Ara das konnte und ich Ara dafür brauchte.

Man muss jemanden, den man sehr gern hat, in etwas herausragen lassen können, in etwas, von dem man selbst keine Ahnung hat.

An meinem zwölften Geburtstag hatte Ara mich morgens, bevor ich zur Schule musste, zu Hause besucht und mir das allerschönste Geschenk gemacht, das ich je von jemandem bekommen habe: ein Tagebuch mit einem Einband aus Stoff und einem Schloss. Vorn hatte sie hineingeschrieben: »Für Kit von Deiner Ara«, und dieses »Deine Ara« war es, ehrlich gesagt, was das Tagebuch zum allerschönsten Geschenk machte. Es war, als hätte Ara mir mit diesem »Deine« sich selbst geschenkt, denn das schreibt man doch nur, wenn man für immer zu jemandem gehören und diese Person niemals verlassen möchte.

An diesem Tag fühlte ich zum ersten Mal, was es bedeutet, zwölf zu sein. Ich stand vor dem gähnenden, furchterregenden Abgrund eines persönlichen Lebens, und ich wusste, dass ich von diesem Tag an erst wirklich älter werden und jeder Tag mich einem Alter näher bringen würde, das besser zu mir passte als jedes andere Alter, das ich bis dahin gehabt hatte.

DANIELA KRIEN

Plan B

Bestimmt ist es sechs Jahre her, seit sie sich zum letzten Mal gesehen haben. Maren hatte gerade ihre Hände gewaschen und war sich mit den Fingern durch die Haare gefahren, als sie Bettinas Gesicht im Spiegel entdeckte.

Sie drehte sich um.

Einen Augenblick verharren sie, dann lächeln sie und umarmen sich spontan.

Betti ist dicker geworden. Maren sagt: »Hast dich nicht sehr verändert, Betti.«

»Na ja, schön wär's. Aber du! Du wirklich überhaupt nicht! Mensch Maren, schön! Aber sag mal, bist du schon fertig hier? Hast du Zeit?«

»Ja. Hab nur meinen Antrag abgegeben.«

»Du Glückliche. Mich wollten sie eingliedern. Ins Altersheim als Pflegehelferin. Nur Putzen, Füttern und Arsch abwischen. Nee.« Sie lacht. »Nu guck nicht so betroffen. Ich habe einen guten Arzt, der schreibt mir ein Attest, von wegen Rückenschmerzen und so.« Sie putzt sich die Nase und legt neues Puder auf. »Ich geh noch schnell für kleine Mädchen, dann trinken wir einen Kaffee, ja? Mensch, Maren. Du glaubst gar nicht, wie ich mich freue!«

Es ist alles wie früher.

Maren tritt auf den Gang hinaus und lehnt sich an die Wand. Rollwagen mit Aktenbergen werden an ihr vorbeigeschoben; über Lautsprecher werden Namen aufgerufen – im Jobcenter ist viel los. Montagmorgen um neun Uhr reichen in den Wartebereichen die Stühle nicht. Der Geruch von kaltem Rauch hängt in der Luft, Kinder spielen auf dem blankgescheuerten Fußboden; ein Junge lässt kleine metallene Autos krachend gegen Stuhlbeine fahren, während ihm die Eltern mit verschränkten Armen stumm dabei zusehen.

Nicht alles ist wie früher.

Die Toilettentür öffnet sich, und Betti sagt: »So. Kann losgehen.« Maren zieht sich die Kapuze ihrer Jacke tiefer ins Gesicht, Betti läuft aufrecht auf hohen Schuhen neben ihr. Das Klacken ihrer Absätze hallt durch die Flure. Vor dem Eingangsbereich stehen die Raucher, am Kiosk um die Ecke hocken die Trinker beieinander; Betti grüßt einen glatzköpfigen Mann mit tätowiertem Nacken, Maren beschleunigt ihren Schritt.

Bettina hakt sich bei der Freundin unter und erzählt. Von dem Freund, den sie hatte, und der Tochter, die sie bekam, von der Arbeit im Hotel und dem Schließen des Hotels, von der Faulheit des Freundes und dem ständigen Computerspielen, von der Trennung und dem Auszug und dem Suchen nach einer neuen Bleibe für sich und Josi, ihr kleines Mädchen. In fröhlichem Plauderton redet sie dahin, spricht von sich, als spräche sie über jemand anderen, streut sich dabei zwei Tütchen Zucker in den Kaffee und löffelt ihn, solange er noch zu heiß ist. Sie hat Falten um die Augen, als sie lacht, ihr pinkfarbener Lippenstift bleibt an der Tasse hängen.

»Aber so kann es nicht weitergehen«, sagt sie und blickt aus dem Fenster des Cafés. »Kein Geld, keinen Job, keinen Mann.« Und schon lacht sie wieder. »Maren, guck nicht so!«

Dass sich ihre Geschichten ähneln, finden sie komisch. Maren hatte ihr Geschichtsstudium in Rostock nach vier Semestern abgebrochen, ihren Sohn geboren, den Vater aus Ghana nicht mit anderen Frauen teilen wollen und ihn verlassen, in Cafés gejobbt, keinen Anschluss gefunden, weil sie doch anders waren dort oben, im Norden, anders als im Muldental. Aber hier sei es ja auch nicht leichter, außer dass ihr die Mutter helfen könne, weil die auch keine Arbeit habe; und Hilfe braucht sie, mit ihrem Jungen Pascal, der ja erst fünf ist.

Noch immer ist sie schmalhüftig und flachbrüstig, noch immer trägt sie ihr Haar lang, schaut ernst aus den großen Augen. Neben Bettina könnte man sie fast für ein Kind halten.

Deren Gesicht hat alles Mädchenhafte verloren. »Schlurf nicht so«, sagt sie mit gespielter Strenge, »Haltung bewahren, Maren, komme, was da wolle.«

Auf den Strich gehen, das hätte Maren nicht gedacht noch gesagt, obwohl Bettina es später behauptet. Lachend malen sie sich aus, wie sie in hohen Lacklederstiefeln an einer Straße langstolzieren und die Familienväter der kleinen Stadt ihnen aus ihren Autos lüsterne Blicke zuwerfen. Sie können gar nicht aufhören zu lachen, als sie sich vorstellen, wie es weitergeht.

»Nein«, sagt Maren plötzlich. »Wenn, dann machen wir das in Leipzig. Wir mieten eine Wohnung und machen das richtig. Bettina, ganz im Ernst: Ich will so nicht leben, wir brauchen einen Plan B.«

»Ich wüsste schon, wer uns die ersten Freier besorgt«, meint Bettina ungerührt. »Der Günti, kennst du den noch? Günther Ott, aus meinem Dorf. Der ist Anwalt und geht oft zu Prostituierten.«

Natürlich kennt sie den Günti. Er war Teil der Clique, die sich um die Jahre 88/89 herum gefunden hatte. Günther Ott, Thomas Novacek, Bettina und Maik Hellfritzsch, Nancy Gerling, sie selbst, Maren Wagner, damals die Freundin von Maik, Bettinas Bruder, und ein paar andere, an deren Namen sie sich kaum noch erinnert, weil sie nicht zum harten Kern der Clique gehörten.

Maren war die Einzige, die nicht aus dem Dorf kam. Maik holte sie meistens mit dem Moped aus der Stadt ab, sie fuhren damals ohne Helm die Hügel hinauf und das Tal hinunter bis ins Dorf an der Mulde, und dann saßen sie alle zusammen am *Treff*, dem kleinen Buswartehäuschen aus Beton, mit Fenstern in der Südwand und einer Holzbank darinnen, bei Regen und Sonne, sie tranken Bier und Wein, hörten Musik aus einem Kassettenrekorder. Maren war die Jüngste und Schönste. Und als Maik Skinhead wurde, wurde sie es auch und ließ sich auf den rechten Oberarm einen Totenkopf tätowieren.

Bettina bändelte mit Günti an. Bettina und Maik wohnten über dem Konsum; ihre Mutter war Verkäuferin dort. In einem verlassenen Seitengebäude des Konsum-Hauses, das einst ein Stall gewesen war und nun als Schuppen diente, hat Günti sie entjungfert. Vorher, tagsüber, waren sie im Konsum auf der Bank vor dem Kachelofen gesessen, er hatte ihr eine süße Dosenkondensmilch gekauft, die sie mit dem Zeigefinger ausschleckte. Das hatte ihn beinahe verrückt gemacht. Frau Danckwardt, die Verkaufsstellenleiterin, sah alles kommen, sagte aber nichts zur Mutter von Bettina, die grad im Lager zu tun hatte. Frühreif war sie, die Bettina, mit ihrem großen Busen und dem kurzen, vorn durchgängig geknöpften Lederröckchen. Älter als vierzehn kann sie nicht gewesen sein, als Günti sie in den verramschten Schuppen zog und auf einem uralten Ledersessel in einige Geheimnisse einweihte, von denen sie zwar gehört hatte, die sich – am eigenen Leib erfahren – aber doch recht seltsam anfühlten.

Maren kam etwas später dazu, da war Günti bereits Vergangenheit und irgendein Gerd oder Frank oder Jens an seine Stelle getreten. Bettina gehörte zu den Kurzblühern, wie Frau Danckwardt hinter vorgehaltener Hand zu sagen pflegte, wie eine Pfingstrose, kurz und intensiv, verlockend, aber bald schon verwelkt.

Maren war ihrer Meinung nach das Gegenteil, eine dauerhafte, wenngleich auch weniger betörende Blume, ein wenig bleich und schmal, aber haltbar und zäh, wie das Gänseblümchen.

Anfang der Neunziger löste sich die Clique wieder auf, Nancy Gerling zog nach Stuttgart und lernte Krankenschwester, Thomas Novacek war in die Fußstapfen des Vaters getreten und Töpfer geworden, Maik wurde Maurer, Bettina Hotelfachfrau, Günti ging nach Leipzig, um Jura zu studieren, und Maren machte Abitur.

Das Dorf war bald nicht mehr als eine Wohnsiedlung. Zuerst schloss das Gemeindeamt, dann der Konsum, gleich darauf das Wirtshaus ›Zur Mulde‹, der Kindergarten und schließlich die Poststelle.

»Aber jetzt gucken wir nach vorn«, sagt Bettina. »Plan B!«

Ein paar Wochen später sitzen sie gemeinsam in Bettis Wohnzimmer. Auf dem Tisch vor dem Fernseher stehen Chips und Pralinen, eine Flasche Rotkäppchen-Sekt und zwei Gläser, ein Tetrapack Orangensaft, ein Aschenbecher, Zigaretten und Streichhölzer und ein Stapel Filme. Maren kauert in der Sofaecke und starrt auf den Bildschirm. Eine blonde Frau mit riesigen Brüsten befriedigt einen vor ihr liegenden Mann mit dem Mund, während sich ein zweiter Mann von hinten an ihr zu schaffen macht. Hin und wieder sagt sie dem keuchenden Mann vor sich lobende Worte, wie groß und steif sein Schwanz sei, wie geil er sie mache.

Maren hält sich die Hände erst über die Ohren,

dann vor die Augen. »Nein, Betti«, sagt sie. »So einen Schwachsinn bringe ich nicht über die Lippen.«

»Ach komm, das ist doch nur ein Beispiel. Du kannst auch was anderes sagen.«

»Kann ich auch gar nichts sagen?«

Betti hebt die Augen zur Decke. »Weiß nicht, kommt auf den Freier an, denke ich. Wenn er will, dass du redest, musst du was sagen.«

»Ich glaub, das kann ich nicht.«

Bettina gähnt und steckt sich gleich darauf eine Praline in den Mund. »Die wollen ein bisschen Programm, weißt du? Das ist wie Vokabeln lernen. Wir üben das jetzt mal. Ich bin der Mann, und du sagst mir, wie geil dich mein Sch…«

»Hör auf!« Maren schüttelt sich. »Wie du redest …«

»Männer sind so! Die wollen diesen Quatsch hören.«

»Aber ich kann ihn nicht sagen, diesen Quatsch.«

»Männer sind eigentlich ganz einfach«, sagt Betti plötzlich in sanftem Ton. »Leicht zu durchschauen und leicht zufriedenzustellen. Wenn man nicht gerade mit ihnen zusammenlebt.«

Maren zuckt die Schultern.

»Ach komm. Der Günti hat schon zwei Interessenten.« Bettina nimmt die DVD aus dem Laufwerk und legt sie zurück in die Hülle. »Anwaltskollegen, sagt er.«

Der Wagen rollt also. Maren nickt und schließt die Augen.

»Das war eine blöde Idee, Betti. Wenn das jemand rausfindet … und überhaupt, die Kinder.«

»Eben. Wir haben Kinder, und denen müssen wir was bieten. Wir machen das nur so lang wie nötig. Mit mehr Geld in der Tasche können wir entspannter einen Job suchen, dann wäre der Druck erst mal weg. Deine Idee ist super, Maren.«

»Es war nicht meine Idee.«

»Aber klar war es deine Idee. Plan B. Hast du gesagt.«

»Aber die Idee kam von dir.«

»Maren, ist doch ganz egal, knick jetzt nicht ein. Wir machen das, und morgen gehen wir Klamotten kaufen. Der Günti schießt uns was vor.«

*

Sie schaut ihn lange an. In ihrer Erinnerung ist er ein schmächtiger, blasser, aber neugieriger und kluger Junge. Vor ihr sitzt ein durchtrainierter Mann mit kantigem Gesicht, kurzem grauen Haar, randloser Brille und dünnen Lippen. Er trägt einen schlichten goldenen Ehering.

»Ich hätte dich nicht erkannt«, sagt Maren.

»Siehst gestresst aus«, stellt Betti fest. An Maren gewandt, fügt sie knapp hinzu: »Günther arbeitet viel, reist viel und verdient viel.«

Er grinst schief und nickt. »Ihr meint das ernst?«, fragt er und schaut dabei Maren an. »Also passt auf: Wenn ich euch helfe, dann nur als Freund. Ich bin Anwalt, nicht euer Zuhälter. Ich tauche nirgends auf, mein Name ist tabu. Ich leih euch als Freund das Geld für den Anfang, und ich bring euch die richtigen Jungs. Den Rest müsst ihr selbst schaffen. Ein *wirklich* ernstzunehmender Tipp: keine Araber. Für die seid ihr Dreck. Wenn die Jungs, die ich zu euch schicke, zufrieden sind, sollen sie euch weiterempfehlen, das ist am sichersten. Schneeballprinzip nennt man das. Das Geld könnt ihr mir in Raten zurückzahlen. Keine Überweisung. Bar.« Er trinkt sein Bier in einem Zug aus. »Also meint ihr es ernst oder nicht?«

Betti schaut Maren an.

Maren zündet sich eine Zigarette an. »Ja«, sagt sie fest, »wir machen das.«

»Was macht ihr mit den Kindern?«, fragt er.

»Meine Mutter«, sagt Maren leise.

»Bei mir auch. Also meine Eltern.« Bettina zieht sich den Lippenstift nach. »Ich sag denen, wir arbeiten in einem Club in Leipzig, an der Bar.«

Er nickt, dann steht er auf, geht zur Theke; er zahlt die Rechnung für alle, kommt noch einmal an den Tisch zurück und sagt: »Pflegt euch ein bisschen, macht Sport, kauft euch nette Unterwäsche; wenn ihr das richtig anpackt, könnt ihr viel Geld verdienen.«

Er hebt die Hand zum Abschied und verlässt zügig das Lokal.

Maren schluckt und schluckt, ihre Wangen glühen.

»Der Günti …«, sagt Betti. Sie winkt der Kellnerin und bestellt zwei weitere Gläser Wein.

»Im Lidl suchen sie eine Verkäuferin«, sagt Maren tonlos.

Betti lächelt. »Wenn du Angst hast, machen wir's nicht.«

Später, vor dem Lokal, umarmen sie sich, dann gehen sie auseinander, jede in eine andere Richtung.

*

Von den Fenstern der Wohnung aus blickt man auf eine Kopfsteinpflasterstraße. Am Döner-Imbiss gegenüber stehen junge türkische Männer vor dem Eingang beisammen. Sie zeigen sich ihre neuen Mobiltelefone und reden laut mit weiten Gesten. Links daneben ein Lottogeschäft und eine Fahrradreparaturwerkstatt, rechts ein Ramschladen und ein vietnamesischer Obst- und Gemüsestand. Sähe sie weiter, würde sie bemerken, dass im Blumenladen »Chrysantheme« gerade die Lichter gelöscht werden und vor dem Spätverkauf zwei Mittfünfziger ihren Abend mit einem in einer Plastiktüte verwahrten Vorrat an Getränken einläuten. Aber so weit schaut sie nicht.

Das Straßenpflaster glänzt regennass, es ist einer der ersten kühlen Herbsttage.

Aus den Lautsprechern des CD-Spielers ergießt sich Kuschelrock bis in die letzten, noch sehr sauberen Winkel des Zimmers. Sie geht umher und setzt sich aufs Bett. Der erste Freier hat sich für Betti entschieden. Es ist nichts von ihnen zu hören. Günti hatte an alles gedacht und einen Trockenbauer kommen lassen, der Schalldämmung zwischen den Räumen einzog. Maren nippt an einem Glas Sekt, ihre Füße wippen, sie schaut in den Spiegel über dem Bett, streicht mit der freien Hand über die Tagesdecke, schaut erneut in den Spiegel und kommt sich fremd vor. Der rote Lippenstift steht ihr nicht, sie sieht ungeschminkt am besten aus. Sie öffnet eine neue Schachtel Zigaretten und geht wieder zum Fenster. Einer der Türken sieht zu ihr hinauf; sie lässt die Jalousien herunter, trinkt ein weiteres Glas Sekt. Einer käme vielleicht noch, hatte Günti gesagt, auch ein Anwalt. Kurzes, langes, kurzes Klingeln – nur dann sollten sie die Tür öffnen.

Zwölf Stunden ist es her, dass sie etwas gegessen hat. Zwei Toasts mit Marmelade. Pascal hatte ganze vier Stück verdrückt, abwechselnd mit Honig und Schokoaufstrich. Dann brachte sie ihn in den Kindergarten, zu Fuß durch den Regen, mit einem großen gelben Schirm. Er trug dunkelblaue Gummistiefel, eine rote Matschhose und eine grüne Regenjacke. Sein Kräuselhaar kringelte sich wegen der hohen Luftfeuchtigkeit noch mehr als sonst, und er sprang in jede Pfütze. So sehr liebte sie ihn an diesem Morgen, dass es ihr Angst machte.

Später saß sie mit Durchfall auf der Toilette. Noch später rauchte sie eine Zigarette nach der anderen. Bevor sie aufbrachen, putzte sie sich zehn Minuten lang die Zähne und aß anschließend, während der Fahrt nach Leipzig, eine halbe Packung Zitronenmelissenbonbons.

Sie geht in den Flur hinaus und horcht. Auf einem runden Bistrotisch liegt die Preisliste neben Pornoheften (Bettis Idee). Von zwanzig bis zweihundert Euro reicht die Spanne, von Handverkehr bis all-inclusive (ebenfalls Bettis Idee; unüblich, aber reizvoll, fand Günther). Sonderwünsche, wie Rollenspiele oder ungefährliche SM-Praktiken, je fünfzig Euro Aufpreis.

Sie blättert in einem der Hefte, dann klingelt es. Kurz, lang, kurz. Betti ist noch immer beschäftigt; Maren steht still und lauscht, sie steht ganz starr. Es klingelt ein zweites Mal. Da öffnet sie die Tür.

Es ist ein ganz normaler Mann.

Ein bisschen verlegen ist er, ein bisschen abgehetzt, er habe lang gearbeitet, es sei ein harter Tag gewesen.

Sie nickt und zeigt auf die Liste. »Sie können in Ruhe schauen, ich warte nebenan.«

»Kann ich duschen?«, fragt er.

Sie nickt und zeigt ihm, wo.

»Ich muss erst mal runterkommen.«

»Klar«, antwortet sie. »Kann ich mir denken.«

Mit einem Handtuch um die Hüften betritt er das Zimmer. »Du machst das zum ersten Mal, habe ich gehört.«

Maren hat die Hände im Schoß verschränkt und nickt.

»Keine Angst, ich bin kein Perverser. Wenn du was nicht willst, musst du es nicht tun.«

»Wollen Sie nicht wissen, wie meine Freundin aussieht? Vielleicht gefällt sie Ihnen besser. Aber sie ist noch beschäftigt.«

Der Mann lächelt. »Nein«, sagt er, »ich bin ganz zufrieden mit dir. Und übrigens heiße ich Bernd.«

Dann löst er das Handtuch, nimmt vorsichtig ihre Hand und legt sie zwischen seine Beine. »Wir können ja langsam anfangen«, flüstert er.

Sie zieht ihre Hand wieder weg und legt eine neue Musik ein; sie regelt die Lautstärke höher und geht wieder zu ihm, führt weiter, was sie unterbrochen hat.

Mit geschlossenen Augen hört sie auf den Gesang.

They call me The Wild Rose but my name was Elisa Day. Why they call me it I do not know, for my name was Elisa Day.

Später, als er sie bittet, mit dem Mund weiterzumachen, hält sie ihm ein Kondom hin. »Ohne mach ich nicht«, sagt sie. Er nickt, reißt das Päckchen auf und zieht das Kondom heraus; dann gibt er es ihr.

»Kannst du mich dabei ansehen, ab und zu?«, fragt er. »Du hast schöne Augen.«

Auf dem harten, kalten Laminatboden schmerzen ihr die Knie. Sie stoppt, nimmt sich ein Kissen und legt es unter ihre Beine. »Du machst das gut«, flüstert er, »sehr gut.«

Wie das mit dem Anschauen gehen soll, weiß sie nicht. Sie lässt die Augen geschlossen.

Ohne Eile zieht er sich an. Ihre Hände riechen nach dem Gleitmittel, sie wischt sie an einem Handtuch ab, nimmt das Geld entgegen, zählt es nach und steckt es in ihre Handtasche. Der Abschied ist höflich; er fragt, ob sie nächste Woche Zeit habe. Sie nickt und begleitet ihn zur Tür.

Betti sitzt auf dem Rand der Badewanne; rote Flecken ziehen sich über ihr Gesicht, den Hals, bis zur Brust hinunter.

»Ist die Aufregung«, sagt sie leise.

Maren nickt. »Soll ich dir was zu trinken bringen? Ich mach mir eine Apfelschorle, ich habe Durst.«

»Ich auch.«

»Hast du vorher abkassiert?«, fragt Betti.

»Nein. Danach.«

»Vorher, Maren. Immer vorher.«

Dann stehen sie in Bettis Zimmer am Fenster. Die Jalousien sind halb heruntergelassen und versperren den Blick, doch ihr Blick ist ohnehin nach innen gerichtet. Die Heizung steht auf höchster Stufe; Maren öffnet das Fenster einen Spalt. Gleichmäßig rauscht der Verkehr.

Später kommt Günther vorbei.

»Wollte mal nach dem Rechten sehen«, sagt er. Bettina hat das Bett inzwischen gerichtet, hat die

Tagesdecke darübergelegt und sorgfältig glattgestrichen. Günther sitzt auf einem Stuhl, die Frauen auf dem Bettrand.

»Kommt noch einer?«, fragt Betti.

Günther nickt. »Ja, in einer halben Stunde. Peter.«

»Was ist das für einer?«

»Sitzt im Stadtrat. Er ist in Ordnung. Peter ist nicht sein richtiger Name, könnt ihr euch denken.« Er grinst und mustert Maren. »Bernd fand dich übrigens reizend. Der wird Stammkunde. Hervorragender Strafrechtler, wenn du da mal Hilfe brauchst …«

Maren trinkt ihr Glas aus und legt den Kopf in den Nacken.

»Ich hab ihnen gesagt, sie sollen euch weiterempfehlen, wenn sie zufrieden waren. In ein paar Wochen läuft das.« Er schenkt sich Sekt nach. Dann tippt er mit dem Zeigefinger gegen Marens Bein. »Gehen wir ein bisschen rüber?«

Betti stößt ein kurzes Lachen aus. »Ach so ist das … Aber du bezahlst wie die anderen.«

»Hey, ihr schuldet mir einiges«, sagt er. Hat er dabei gelächelt? Maren sucht Bettis Blick.

»Das zahlen wir ab, sonst kommen wir durcheinander«, entgegnet Bettina.

Maren schweigt. Sie macht an ihrer Zigarettenschachtel herum, dann steht sie auf und geht in das andere Zimmer; Günther folgt ihr –

Aus der einen Manteltasche holt er ein Foto heraus, aus der anderen sein Telefon. Nach einem Blick auf das Display schaltet er es aus und legt es auf den Nachttisch; er schaut das Foto eine Weile an, hält es Maren hin und senkt den Blick.

Da steht sie: Maren. Auf einem Felsen über dem Fluss, mit ausgebreiteten Armen, bereit zum Sprung oder zum Flug, in einem langen, engen Ledermantel. Ihr Gesicht ist im Halbprofil zu sehen, die Haare wehen im Wind. Am rechten Bildrand hocken Maik und Bettina vor herbstlichen Bäumen, mit Bierflaschen und rauchend.

»Da warst du vierzehn oder fünfzehn. Ich habe mich immer gefragt, was du mit Maik wolltest. Er war ein Idiot.« Er verschränkt die schmalen Hände ineinander, die Knöchel treten weiß hervor. »Und du warst die Hübscheste aus der Clique, und die Klügste.«

»Kann ich das haben?« Maren sieht ihm fest in die Augen.

Er nickt und holt eine CD aus seiner Tasche. »Ich wusste, dass ihr keine anständige Musik habt.« Er lacht abgehackt. »Du magst das komisch finden, aber Bach-Motetten sind immer passend.«

Bei *Komm, Jesu, komm* hat er sich bis auf die Boxershorts ausgezogen, und beim Choral *Weicht, ihr Trauergeister* verlässt er – nun wieder vollständig angekleidet – das Zimmer.

Als er sie unbeholfen streichelte, erstarrte sie. Als hätte er mit seiner Berührung ihre Nerven ausgeschaltet, lag sie da, ohne etwas zu fühlen. Mit seinen Fingern fuhr er von ihrem Hals abwärts.

Panisch schob sie seine Hände weg und griff in den Schlitz seiner Unterhose.

Gesagt hat er dann nicht mehr viel.

Hundertfünfzig Euro legte er später auf den Tisch. Beim Abschied strich er ihr über die Wange.

»Lasst euch Zeit mit der Abzahlung«, sagte er.

Nachdem sie sich gewaschen hat und das Gesicht gekühlt, nimmt Maren das Foto und betrachtet es in Ruhe. Sechzehn ist sie gewesen, nicht vierzehn. Kurz nach ihrem sechzehnten Geburtstag ist dieses Bild entstanden. Den Ledermantel hatte sie sich gerade erst gekauft und ihn einige Tage zuvor bei einem Fotoshooting im Wald zum ersten Mal getragen. Ein Fotograf hatte sie angesprochen, in der Stadt beim Einkaufen. Aus Aachen käme er und sei auf der Suche nach ostdeutschen Fotomodellen, jungen Talenten.

Sie hatte niemandem davon erzählt und sich wie

gewünscht mit ihm getroffen, an einem Samstagmorgen an der Tankstelle. Von dort aus waren sie in den Wald gefahren. Sie trug ihren neuen Ledermantel, einen kurzen Jeansrock und ein bauchfreies Blümchentop darunter, obwohl es ein kühler Tag war. Neben einer Flasche Rotwein hatte er einen Sack voller Kleider dabei, die sie nacheinander anzog. Zum Schluss war sie im Bikini auf einem Felsen gestanden, betrunken und glücklich, weil er ihr zum hundertsten Mal gesagt hatte, wie schön sie sei und dass es im Westen so betörende Blüten nur selten gebe, weswegen er jetzt immer hier *herumwildere,* und bei diesem Wort lachte er, der kleine, dicke, bärtige Mann, dessen Name zu melodisch klang, um wahr zu sein, und dessen Kamera nicht wirklich professionell aussah, doch was verstand sie schon davon.

Hier und da richtete Cornelius von Langen ihr die Kleider am Körper, strich ihr die Haare hinters Ohr oder drapierte sie wieder nach vorn. Er selbst trank wenig, weil er das Auto fahren musste. Ihre weiche Haut lobte er, die glänzenden Haare, trotz der schlechten Ernährung in der DDR. Sie hatte artig gelächelt und posiert und sich nur gegen das Küssen gewehrt. Und später im Auto, als er seine Hand unter ihren Rock schob, sagte sie empört: »Ich bin doch keine Nutte!«

Er blickte sie traurig an, dann fuhr er sie nach Hause, ohne sie ein weiteres Mal zu berühren.

Später erzählte sie Bettina davon, obwohl sie sich selbst und Cornelius von Langen versprochen hatte, keinem Menschen etwas zu sagen, sondern abzuwarten, ob sie beim Modelwettbewerb, für den er die Fotos gemacht habe, als Gewinnerin hervorgehen würde. Bis dahin solle sie lieber schweigen.

Auch Bettina sollte schweigen, ging jedoch, nachdem sie sich mit Maren getroffen hatte, direkt zu ihrem Bruder Maik, der zu diesem Zeitpunkt schon Skinhead und noch immer Marens Freund war, und erzählte ihm die Schweinerei, wie sie es nannte.

Maik nahm den kürzlich erworbenen Baseballschläger, packte ihn in den Trabi der Mutter und fuhr zu Maren.

So hatte Maren ihn noch nicht erlebt. Sie kriegte es richtig mit der Angst zu tun. In dem Hotel jedoch, das Cornelius von Langen Maren genannt hatte, wusste man nichts von ihm, und Maik kam unverrichteter Dinge zurück.

»Du denkst wohl, ich bin nicht hübsch genug?«, sagte sie, immer noch weinend.

Da stieß er laut die Luft aus und verdrehte die Augen. »Doch!«, schrie er. »Das ist es ja, du bist viel zu hübsch für dieses perverse Arschloch aus dem Westen.«

Cornelius von Langen war ebenso plötzlich verschwunden, wie er aufgetaucht war. Sie hörte nie wieder von ihm.

Auf dem Foto trägt sie noch ihr ganzes Haar. Kurz darauf rasierte sie es sich an den Seiten ab und ließ sich – genau wie Maik – einen Totenschädel auf den Oberarm stechen. Ein weiteres Jahr später trennte sie sich von Maik und seinen Skinhead-Freunden. Das war, als sich die Clique bereits aufzulösen begann, Mitte des Jahres 1993. Maren kam in die elfte Klasse Gymnasium und ließ sich die Haare wieder wachsen. Bettina war zur Ausbildung nach Oberfranken gegangen und blieb manchmal auch an ihren freien Tagen dort, Günther studierte längst in Leipzig und kam nur noch selten.

Die Dinge änderten sich.

Als Betti hereinkommt und sich stumm neben sie setzt, hat Maren das Foto gerade weggesteckt.

Ein bisschen sitzen sie nebeneinander; Maren zuckt zusammen, als Bettis Knie gegen das ihre stößt, dann packen sie ihre Sachen, löschen die Lichter, schließen die Wohnung ab. Bis zum Auto sind es nur wenige Meter, Bettina kramt nach dem

Schlüssel, steigt ein und schaltet das Radio an. Sie nimmt einen Schluck aus der Wasserflasche, die am Boden lag, wirft die wieder verschlossene Flasche nach hinten auf die Rücksitzbank und startet den Motor. Maren zieht die Beine an den Körper und wickelt sich ihr dickes schwarzes Wolltuch breit um den Hals, so dass selbst Mund und Nase dahinter verschwinden. Vergeblich wartet sie auf einen Blick von Bettina, ein Lächeln, ein Wort, irgendein Zeichen dafür, dass sie noch dieselben sind.

Am nächsten Morgen bleibt Maren auch nach dem Aufwachen zusammengerollt im Bett liegen. Pascal ist längst im Kindergarten; die Mutter räumt in der Küche herum, dann geht sie ins Wohnzimmer und schaltet den Fernseher ein. Bis zum Mittagessen wird sie dort sitzen bleiben, das ist verlässlich.

Die Sonne scheint Maren ins Gesicht; sie stützt sich kurz auf die Ellbogen und sieht aus dem Fenster in den Himmel hinauf.

Sauberes Blau …

Sie bringt sich zurück in die Ausgangslage.

Später zählt sie das Geld nach und steckt es in ein Sparschwein aus Porzellan. MAREN steht auf dem Schwein. Der Vater hat es ihr geschenkt, kurz bevor er die Familie verließ. Drei Schweine waren es insgesamt gewesen: eines für die Mutter, eines für sie und eines für den Vater selbst. Die Elternschweine waren größer. Mutters Schwein hatte eine langgezogene, trompetenförmige Schnauze, das des Vaters eine stumpfe, kurze und Marens Schwein eine dünne, lange. Als der Vater seine Sachen packte, warf Marens Mutter die Elternschweine aus dem Fenster der Neubauwohnung. Sechster Stock.

Sie wohnen noch immer dort, aber nun ist es kein Privileg mehr.

Das Sparschwein stellt sie zurück ins Regal, bevor sie sich ins Bad schleicht.

»Denkst du an die Wasserrechnung?«, ruft die Mutter vor der verschlossenen Tür, doch Maren hört sie nicht.

Später wählt sie Bettis Nummer. Mehrmals hintereinander versucht sie es, aber niemand nimmt ab. Sie zieht sich an, läuft den Berg hinunter ins Zentrum der kleinen Stadt, klingelt an Bettis Tür und wartet vergeblich. Da nimmt sie den Bus ins Dorf.

Scharen von Saatkrähen bevölkern die abgeernteten Felder, der Fluss glitzert – Maren hält sich die Hand vor die Augen.

Die alte Bushaltestelle gibt es nicht mehr, und auch sonst fällt es ihr schwer, den Bogen vom Früher ins Jetzt zu schlagen. Als sie an Günthers Elternhaus vorbeikommt, sieht sie Frau Ott im Garten. Sie hat ein Kopftuch um, steht auf einer Leiter und erntet ihren Birnbaum ab. Maren verharrt einen Augenblick. Woher die Wut kommt, weiß sie nicht, aber nun ist sie da, und sie starrt auf die Frau und das Haus und den Garten. Hier hat Günther gelebt, hier wurde er von seiner Mutter bekocht, hier lag er in der Sonne und las seine Bücher. Frau Ott, will sie rufen, gestern hat mich der Günther für hundertfünfzig Euro gefickt. Da dreht sie sich um, die Mutter dieses Mannes, nickt flüchtig und pflückt weiter Birnen.

Dort, wo früher der Konsum untergebracht war, wohnt jetzt Maik mit seiner Familie, in den Räumen darüber leben noch immer die Eltern.

Bettina kommt die schmale Treppe herunter. »Was ist los?«, fragt sie und schaut dabei nicht anders als sonst. Und weil Maren nichts sagt, sondern nur komisch schaut, fasst Betti sie bei der Schulter und schiebt sie die Treppen hinauf. »Wir essen gerade, kannst mitessen«, sagt sie.

Am Nachmittag fahren Betti, Maren und Josi zurück in die Stadt. Maren holt Pascal vom Kindergarten ab. Sie gehen zum Spielplatz, essen ein Eis, und als Josi fragt, ob Betti ihr einen Drachen kauft, einen großen, bunten, da antwortet Betti, ohne lang nachzudenken: »Na klar kriegst du einen Drachen, mein Spatz. Gleich morgen!«

Oben auf dem Berg, dort, wo die Neubauten stehen, fliegen tags darauf zwei nagelneue Drachen durch die Luft. Josi und Pascal haben die Leinen bis zum Anschlag abgewickelt und schauen hinauf in den weiten Himmel.

Bettina zeigt auf die Uhr; es ist schon nach sieben, sie müssen sich beeilen. Sie nimmt Josi den Drachen aus der Hand und wickelt die Leine auf. Bewegungslos steht Maren daneben.

»Komm schon, Maren.«

»Mama, guck mal!« Pascal zeigt nach oben. Der Drache schlenkert wild durch die Luft. Böiger Wind zerrt an ihm, und in dem Augenblick, als Pascal der Griff aus der Hand rutscht und der Drache davonfliegt, sagt Maren: »Ich komm nicht mit.«

Betti lässt die Arme sinken und blickt Maren direkt in die Augen.

»Das geht nicht«, sagt sie tonlos. »Das hier ist kein Spiel. Wir schulden ihm Geld, meine Gute.«

»Wir werden es anders verdienen.«

Pascal weint. Er zerrt an der Hand seiner Mutter.

»Maren?«

»Ich kauf dir einen neuen, brauchst nicht zu weinen«, sagt Maren und streicht über Pascals Haar.

»Maren?« Mit einer brennenden Zigarette zwischen den Fingern tritt Betti nah an sie heran. »Wovon willst du ihm einen neuen kaufen?« Sie schüttelt den Kopf und nimmt einen tiefen Zug. »… du kennst den Günti schlecht, wenn du denkst, er verschenkt Geld.«

»Denke ich nicht.«

»Gut.«

»Betti?«

»Hm?«

»Gib mir auch eine Zigarette.«

Sie stehen nebeneinander. Betti schaut geradeaus, Maren in den Himmel.

»Einmal noch«, sagt Maren schließlich.

Betti nickt und hakt sich bei Maren unter. Sie laufen zügig zum Auto. Bettis hohe Absätze schlagen hart auf den Asphalt.

SIMONE LAPPERT

Das für sich Behaltene

Es war ein prächtiger Frühsommerabend, wie Ada ihn seit Monaten herbeigesehnt hatte. Gegen neun Uhr abends war es noch immer hell und heiß; zwischen den Pflastersteinen stadteinwärts staute sich die Hitze, in den Bistros und Cafés am Rheinbord kämpften die Gäste mit ihren Portionen, die Vögel saßen schlaff in den umliegenden Bäumen und schienen nur aus Pflichtgefühl vereinzelte Töne von sich zu geben. Ada schwamm in Rückenlage mit kräftigen Zügen den noch kühlen Rhein hinunter, bis sie Maria mit ihrem roten Sonnenhut am Ufer winken sah. Ein schwerer Blütengeruch, den Ada nicht zuordnen konnte, mischte sich mit dem Geruch des Erdbeerkuchens, den Maria auspackte, als Ada sich tropfend aus dem Wasser ans Rheinbord stemmte. Überall aßen, fläzten und plapperten hitzefaule Menschen, mit Unvorhersehbarem schien hier niemand zu rechnen. Ada wrang das Schwimmwasser aus ihren Haaren.

»Lass uns endlich deinen Erdbeerkuchen anschneiden«, sagte sie. Maria holte ein Brotmesser aus ihrer Strandtasche, schnitt den Kuchen in zwei Hälften und reichte Ada eine Gabel. »Schau mich nicht so an«, sagte sie, »wenn ich zwanzig Stücke draus mache, zerdrücke ich nur die schönen Erdbeeren, und am Ende essen wir trotzdem den ganzen Kuchen auf. Außerdem kannst du gut noch was auf die Rippen vertragen.«

Sie gabelte sich ein großes Stück Kuchen in den Mund und lehnte sich genüsslich kauend gegen die warme Steinmauer. »Ah«, sagte sie, »jetzt könnte ich sterben.«

»Sag das nicht«, sagte Ada, »so etwas sagt man nicht.«

Maria leckte ihre Gabel ab: »Warum denn nicht? Das wäre doch der perfekte Moment, so mitten in dieser Zufriedenheit, im Badeanzug und mit Erdbeerkuchen im Mund.«

»Lass es einfach«, sagte Ada, »bitte.«

Maria schmunzelte und klaubte mit spitzen Fingern ein paar Erdbeeren von ihrer Kuchenhälfte. Ada zündete sich eine Zigarette an und füllte sich abwechselnd mit Rauch und Kuchen den Mund. An der Litfaßsäule der Fährstation klebte eins dieser grellen Plakate von *Mord an Bord.* Links darüber, von beiden Seiten her fast überklebt mit Werbung für Aufstrich, sah Ada ihr Gesicht auf einer alten Reklame der *Brotbüchse*, das Papier um ihren Mund warf bereits Blasen. Maria folgte ihrem Blick. »Dieses Würstchen von Regisseur gehört endlich ordentlich verknackt«, sagte sie.

»Tja«, sagte Ada, »dafür hat die Kanuschule jetzt ein Lager direkt am Hafen.«

»Mist«, zischte Maria auf einmal und schaute entgeistert zur Fährstation, blitzartig verdeckte sie mit der breiten Hutkrempe ihr Gesicht. »So ein verfluchter Mist«, murmelte sie, »wir müssen sofort verschwinden.«

»Was ist denn los?«, fragte Ada mit vollem Mund. »Was hast du denn auf einmal?«

»Gib mir dein Handtuch«, sagte Maria, »schnell, und pack unser Zeugs ein.«

Ada reichte ihr das Handtuch und begann zusammenzupacken. Verstohlen schaute sie dahin, wo Marias Blick erstarrt war. Eine adrette ältere Dame stieg von der Fähre, in Begleitung eines etwas jüngeren Mannes, der einen Sonnenschirm für sie aufhielt. Maria legte sich das Handtuch über Kopf und Schultern und rannte zur Treppe, die hoch auf die Rheinpromenade führte.

»Was ist mit dem Kuchen?«, sagte Ada. »Lass uns wenigstens noch den Kuchen einpacken.«

»Scheiß auf den Kuchen«, zischte Maria, »mir ist sowieso schlecht.«

Oben angekommen, rannte sie einfach an ihrem Fahrrad vorbei, rannte die Rheinpromenade entlang, rempelte Eis essende Kinder an und flanierende Pärchen, rannte, vornübergebeugt, das Handtuch an den Kopf gepresst, bis sie in das schmale Gässchen einbiegen konnte, das hoch zur Kaserne führte und seiner schattigen Kühle wegen menschenleer war. Dort erst hielt sie an, stützte sich mit beiden Händen auf den Oberschenkeln ab und keuchte, das Handtuch rutschte ihr von den Schultern und fiel aufs Pflaster, sie machte keine Anstalten, es aufzuheben. Auch Ada rang nach Luft und war froh, Maria eingeholt zu haben. Sie stellte die Strandtasche neben Maria auf den Boden, der Erdbeerkuchen, den sie lose auf die Tücher gepackt hatte, war beim Rennen hin und her geschleudert worden und klebte nun an den Taschenwänden. Ada hob Marias Handtuch auf und warf es in die Tasche, dann setzte sie sich auf die Bank, die am Gassenrand in die Kasernenmauer geschraubt war, ihre Haare klebten nass an ihrer Stirn. Sie fror jetzt und klaubte das Handtuch wieder aus der Tasche, wickelte es um ihren Körper und schnippte eine Erdbeerscheibe weg, die am Handtuchsaum klebte. Maria richtete sich auf und nahm den Hut vom Kopf. Sie zitterte. So hatte Ada sie noch nie gesehen, sie sah so klein aus und alt, und ihre Gesichtszüge waren völlig ausdruckslos, als gäbe es für das, was sie eben gesehen hatte, keine Mimik, als wären ihre Gesichtsmuskeln auf dieses Ereignis nicht vorbereitet gewesen und aus Überforderung erstarrt. Abwesend schob Maria einen Fuß vor den anderen und setzte sich neben Ada auf die Bank. Ada wagte nicht, Maria anzufassen, irgendwie fürchtete sie, sie könnte sie damit erschrecken.

»Was ist denn passiert, Maria?«, fragte Ada leise.

»Was ist passiert«, murmelte Maria, ohne aus dem Satz eine Frage zu machen, wie eine Antwort murmelte sie die Worte ein paarmal vor sich hin. »Was ist passiert ... Was ist passiert ...« Plötzlich hob sie den Kopf und schaute Ada an, schaute vielleicht auch an ihr vorbei. »Sie sah glücklich aus, findest du nicht?«, sagte sie. »Richtig glücklich.«

»Wer«, sagte Ada, »wer sah glücklich aus?«

»Sie hat immer noch diese Bäckchen«, sagte Maria, »so was gab es damals bei uns nicht, so was hat man bei uns in Moskau nicht gesehen.«

Ada folgte Marias Blick, aber dort, wo Maria hinschaute, waren nichts als der Kasernenparkplatz und Autodächer, über denen die Hitze flirrte.

»Und der Mann sah auch glücklich aus«, sagte Maria, »die Art, wie er den Schirm für sie gehalten hat ...«

Jetzt erst begriff Ada, dass Maria von der adretten Dame an der Fährstation sprach.

»Die Frau, die vorhin von der Fähre gestiegen ist«, sagte Ada, »woher kennst du sie?«

Maria senkte den Kopf und begann, den roten Lack von ihren Fingernägeln zu kratzen. Sie presste die Lippen fest aufeinander, mit Gewalt hielt sie die Worte dahinter zurück und kratzte weiter an ihren Nägeln, kleine rote Lacksplitter fielen auf ihr hellblaues Sommerkleid. Und als sie den Mund schließlich öffnete, überschlugen sich die angestauten Sätze zu einem Stammeln, und es kostete sie ein paar hastige Atemzüge, sie zu ordnen.

»Rita«, sagte sie, »Rita mit den roten Bäckchen. Ihr Vater hatte damals in Moskau zu tun, ein hohes Tier bei der Schweizer Eisenbahn. Seine Tochter hat er mitgeschleppt. Warum auch immer. Leo war zu der Zeit noch Bühnenbildner am Tschechow-Theater. Nach einer Premiere hat diese Rita ihm den Kopf verdreht mit ihren Fruchtbäckchen. Das war nur ein paar Wochen nach unserer Verlobung. Ganz begeistert war er von ihr und davon, wieder Deutsch reden zu können, diese Sprache, die mir so fremd war und die er so gut beherrschte, weil er ein paar Jahre lang in der DDR stationiert gewesen war. Manchmal habe ich ihn nachts telefonieren gehört. Seine Stimme war so weich dabei, er hat so achtgegeben auf seine Worte, wenn er mit ihr sprach, das war zu hören, auch wenn ich nichts verstanden habe von dem, was er gesagt hat. Ihretwegen hat er die Stelle hier angenommen. Um bei ihr zu sein. Ihr Vater hatte sie ihm angeboten, er hatte sich von Rita einwickeln lassen und wollte ihm helfen wegzukommen. Ich konnte Leo nicht verübeln, dass er wegwollte. Wir wollten alle weg. Leo hat von einer besseren Zukunft geredet und mich in Moskau hocken gelassen, er würde mich nachholen, hat er gesagt. Pustekuchen. Wochenlang habe ich nichts gehört von ihm, meine Briefe hat er nicht beantwortet, und einen Telefonanschluss hat er sich nicht einrichten lassen. Mir blieb nichts anderes übrig, als das Sparkästchen meines Vaters zu plündern und für die Rolle in einem Gastspiel in Wien vorzusprechen. Nachdem ich dem Regisseur schöne Augen gemacht habe, hat er mich für eine winzige Nebenrolle besetzt. In Wien habe ich mich noch vor der Hauptprobe in den Nachtzug nach Basel gesetzt. Leo hat vielleicht Augen gemacht. Immer noch hat er alles abgestritten, der Mistkerl, hat irgendwas gefaselt von wegen er habe das alles nur für mich getan, für ein besseres Leben. Und ich habe ihm geglaubt, weil ich ihm glauben wollte. Bis diese Rita vier Tage später bei uns vor der Tür gestanden und sich Leo um den Hals geworfen hat. Ich kann mich noch genau an den Pfefferminzduft ihres Parfüms erinnern, an das Geräusch ihrer Absätze auf dem Parkett. Als Rita mich in der Küchentür stehen sah, fing sie an, uns zu beschimpfen. Offenbar hatte Leo es versäumt, ihr mitzuteilen, dass er immer noch mit mir verlobt war. Ich habe mich nicht vom Fleck gerührt und einfach nur still vor mich hin geweint, und Rita hat getobt und Leo vor die Füße gespuckt und immer wieder das einzige russische Schimpfwort wiederholt, das sie kannte, ›Durak, Durak‹, sagte sie, ›du Dummkopf‹. Und Leo hat nur die Hände in den Taschen vergraben und den Blick auf den Boden gesenkt, und irgendwann hat er gesagt, das werde ihm jetzt zu blöd, zuerst nur auf Deutsch und dann auf Russisch, wirklich zu blöd werde ihm das, und ohne uns anzusehen, hat er sich an uns vorbeigedrückt; er werde jetzt arbeiten gehen, das sei ja nicht zum Aushalten. Rita ist ihm schreiend durchs Treppenhaus nachgerannt. Ich habe sie durchs Wohnzimmerfenster beobachtet, sie hat es nicht geschafft, ihn einzuholen. Bis gerade eben habe ich sie nicht wiedergesehen. Und den Rest der Geschichte kennst du ja. Es wäre Leos freier Tag gewesen.« Maria fuhr sich mit den Fingerspitzen über die Lippen, hin und her, als wolle sie sichergehen, dass kein Wort mehr daran klebte. Mit den Tränen in ihren Augen kam der Ausdruck zurück in ihr Gesicht. Sie hielt sich an der Sitzfläche der Bank fest und schluchzte, die Tränen tropften zu den Lacksplittern in ihrem Schoß. »Wenn ich einfach in Moskau geblieben wäre«, sagte sie, »wenn ich es einfach eingesehen hätte …« Sie nahm das zweite, kuchenverschmierte Handtuch aus der Strandtasche und schneuzte hinein. »Wenn du wüsstest«, sagte sie.

»Was«, sagte Ada, »wenn ich was wüsste?«

Maria schüttelte den Kopf und atmete flach, es kostete sie große Mühe, den schweren Gedanken aus der Gedächtniskiste zu heben, in der sie ihn vor über vierzig Jahren verpackt und weggeschoben hatte. »Als die beiden da zusammen im Wohnzimmer gestanden haben«, sagte sie, »und als Rita ihre kleinen weißen Hände so selbstverständlich in Leos Haare gekrallt hat und wie er an ihr gerochen hat, an ihrer Pfefferminzhaut, da ist alles in mir ganz hart geworden, meine Lunge und mein Bauch und meine Augen, und ich habe mir wirklich einen Moment lang gewünscht, er würde einfach tot umfallen. Ich habe es mir gewünscht, verstehst du, nur einen winzigen Moment lang, aber ich hab's mir gewünscht …« Ein heftiges Schluchzen schüttelte Marias Worte durcheinander, sie krallte ihre Hände ins Strandtuch und presste es vors Gesicht. Ada hatte jetzt keine Scheu mehr, Maria in den Arm zu nehmen, sie schlang beide Arme um sie und strich ihr über die Locken, die vom Haarspray ganz starr und von der Sonne noch warm waren.

Maria hob ihr Gesicht von Adas Schulter, ihre Wimperntusche war übers ganze Gesicht verschmiert, ihr Lippenstift verwischt. »Ich schleppe diese elende Trauer jetzt schon so lange mit mir herum«, sagte sie, »so lange. Manchmal kommt es mir vor, als wäre ich nie dreiundzwanzig geworden, als würde ich immer noch an diesem Frühstückstisch sitzen und darauf warten, dass Leo von der Arbeit kommt.« Sie wischte die Lacksplitter von ihrem Kleid und glättete den Stoff über ihre Knie, spannte ihn, ließ ihn wieder los. »Und sie, sie geht mit einem andern spazieren, lässt sich den Schirm tragen, lebt, verstehst du, macht weiter.«

»Ich finde, es ist Zeit, dass dir mal wieder jemand den Schirm aufhält«, sagte Ada.

»Du machst mir Spaß«, sagte Maria, »wer will mich denn mit dieser Trauer? Ich kann sie mir ja selbst von weitem ansehen. Hier«, sie rollte die faltige Haut unter ihren Augen zwischen den Fingern, »und hier«, sie zeigte auf ihren Bauch, der sich unter dem Sommerkleid wölbte.

»Niemand wird von dir verlangen, dass du deine Trauer vollständig loswirst«, sagte Ada. »Aber wenn du sie als Mauer aus Pappschachteln vor dir herschiebst, hat keiner die Chance, sich dir zu nähern.«

Maria seufzte. »Meine Schminke ist da überall, oder?«, sagte sie und zeigte auf ihr Gesicht.

Ada nickte.

»Dann möchte ich mich jetzt frischmachen«, sagte Maria und stand auf, »und danach möchte ich einen Schnaps trinken gehen, einen Aprikosengeist«, sagte sie, »oder einen gespritzten Wermut, auf jeden Fall mit Eis ... Nimmst du unsere Sachen?« Sie hatte sich wieder gefangen und ging mit gewohnt eleganten Schritten Richtung Parkplatz. Vielleicht ein klein wenig wackliger als sonst.

EVA MENASSE

Rote Zuckerwatte

Nichts war einfach,
bekannt, sicher, geglaubt,
verbürgt.
Janet Frame

Sommerferien. Seit Wochen hatte Judith das Grundstück ihrer Eltern kaum verlassen, den verwilderten Garten, das riesige, baufällige Haus, das ihre kleine Schwester in einer Mischung aus Dreistigkeit und Unschuld *unsere Villa* nannte. Als Mädchen hatte Judiths Mutter von einem *Schlösschen* geträumt, und Judiths Vater, der sich gerade mit Verve von seinen Eltern losgesagt hatte, weil sie Nazis gewesen waren und es dennoch wagten, seine junge Frau abzulehnen, war so verliebt und kopflos gewesen, mit geliehenem Geld diese Ruine zu kaufen. Weil sie theoretisch Jugendstil war. Aber seither, seit über vierzehn Jahren, wuchs ihm die Renovierung in hinterhältigen Schritten über den Kopf, als wüsste das Haus genau, dass er sich niemals geschlagen geben würde, und verurteilte ihn, den autodidaktischen Bauarbeiter, daher zu lebenslang.

Die Gewissheit, dass es jemals Schule gegeben hatte, löste sich in der Hitze auf. Die hektischen Überlebenskämpfe kurz vor dem Zeugnis nahmen sich von hier, in der Tiefe des Zeitgrabs, genauso schemenhaft aus wie die Aussicht auf den unvermeidlichen Wiederbeginn im Herbst, für dessen kleine Änderungen (Altgriechisch als neues Fach, die schwangere Mathelehrerin und vielleicht als Sensation ein neuer, gewiss wieder verhaltensgestörter Schüler) Judith nur mühsam Interesse hätte heucheln können. Aber es war ohnehin keiner da.

Xane war, anders als sonst, gleich nach Schulschluss nach Frankreich geschickt worden. Und Claudia verbrachte wie jedes Jahr fast die ganzen Ferien bei ihren Großeltern in einem fernen westlichen Dorf. Judith und Xane wussten genau, dass ihre Briefe über Langeweile und Sehnsucht verschämte Lügen waren, denn Claudia war die geborene Bäuerin, das sah man schon an ihrem Gesicht. Bei jeder längeren Trennung steigerten sich Judith und Xane in eine Claudia-Verachtung hinein, die es eine Weile unmöglich erscheinen ließ, zu Schulbeginn wieder in die alten Gewohnheiten zu schlüpfen, das heißt, Claudia zum anhaltenden Erstaunen von Lehrern und Mitschülern als gutmütigen, dienstbaren Satelliten mit sich herumzuschleppen. Xane und Judith waren ein Amazonenduo, das sich zu blasiert für den Umgang mit dem Fußvolk gab. Keiner wagte es, sich mit ihnen anzulegen. Was Claudia erwarten würde, wenn sie sie fallenließen, war nicht ganz klar. Aber vermutlich nichts Angenehmes.

Ein guter Kerl, hatte Xanes Mutter einmal über Claudia gesagt, und seither begannen Xane und Judith ihre kurzen, vergifteten Duette oft mit der Frage: Wie es wohl unserem *guten Kerl* geht?

Heute war ich mit der Oma in den Schwammerln, würde zum Beispiel die andere piepsig antworten, eine Ansichtskarte von Claudia aus Volksschulzeiten zitierend. Aber da sie älter und boshafter wurden, sagte inzwischen die Erste, *wahrscheinlich mistet sie den Stall aus,* und die Zweite spann weiter, *und wäscht sich nachher die Haare mit Kernseife,* woraufhin die eine ergänzte, *du meinst, die Schamhaare,* und die andere, schon unter gepresstem Gelächter, antwortete, *hoffentlich wäscht sie nicht ihrem Opa die Schamhaare mit Kernseife,* denn die beiden hatten vor kurzem, nur auf Basis eines Fotos, befunden, Claudias Großvater sehe aus wie ein Kinderschänder.

Bisher war es immer gutgegangen, mit der Wiederaufnahme ihrer Beziehungen zu Claudia im

Herbst. Dafür gab es Gründe. Zum einen verreiste Xanes Familie normalerweise am Sommerende, und Xane erschien erst direkt zu Schulbeginn wieder. Dann aber war die Luft draußen, und sie schämten sich insgeheim für die Dinge, die sie Wochen zuvor gesagt hatten. Und diese doppelte Scham, nämlich auch die Scham, sich zu schämen, führte dazu, dass das Thema eine Weile tabu war.

Zum anderen bekam man am Schulanfang Claudias Mutter öfter zu sehen. Sie war jung, denn sie hatte Claudia in einem skandalösen Alter bekommen, das ungefähr mit dem Ende ihrer eigenen Schulzeit zusammengefallen sein musste. Dazu war sie hinreißend hübsch, ein ungeschminkter Engel. Und sie war unkompliziert und herzlich, so wie es keine andere ihnen bekannte Mutter war, weil die Mütter ansonsten auf kratzbürstigen Sicherheitsabstand zwischen sich und ihren halbwüchsigen Konkurrentinnen achteten.

Vielleicht – das konnte Judith damals ungenau spüren – war Claudias Mutter, die jeder Lizzie nennen und duzen durfte, der Grund, warum Xane und sie Claudia erduldeten. Aber natürlich lag es auch an Claudia selbst, die sie beide von klein auf kannten, länger als einander.

Claudia war genauso blond und freundlich wie Lizzie, aber bei ihr hatte alles einen Zug ins Grobe.

Ihre Nase war im Vergleich mit der ihrer Mutter nur ein winziges bisschen aufgeworfen, sah deshalb aber gleich aus wie ein Schweinerüsselchen; sie wurde, und nicht nur in der Schule, ständig rot, schwitzte leicht, verhaspelte sich beim Sprechen und fuhr sich andauernd durch die Haare, was man denen deutlich ansah. Und während man sich bei Lizzie – oder Frau Denneberg – wie in einem heiteren französischen Film fühlte, wenn sie einem eiskalte Melonenstückchen in den Holundersaft tat, so empfanden die Mädchen Claudias Gastfreundschaft, deren Pfeiler Vollkornkekse und eine selbstgetöpferte Teekanne waren, als plump und belastend. An Claudia war das Drama der schlechten Kopie zu besichtigen. Das verstand Judith erst als Erwachsene. Damals machte es Xane und sie einfach aggressiv, dass Claudia nicht nur jedes Talent fehlte, sondern auch die mindeste Fähigkeit zur Verstellung.

Aber deshalb beschützten sie sie. Sie, von denen man annehmen hätte können, dass sie dieses warmherzige, ungeschickte, nach sämtlichen Jugendstandards immens peinliche Mädchen quälen oder zumindest kalt verachten müssten, hatten es vor langer Zeit zur Freundin erklärt. Die Richtung gab die bewunderte Lizzie Denneberg vor, die ihre Tochter mit der unerschütterlichen Nachsicht einer

Kindergärtnerin behandelte und von der sie damals glaubten, dass diese insgeheim unter Claudias Begriffsstutzigkeit ebenso leide wie sie.

Und schließlich waren sie in die Verstrickungen mit Claudia schon vor langer Zeit hineingeraten, in einem Zustand kindlicher Unschuld. Judith kannte Claudia seit dem ersten Schultag, und Xane, die in eine andere Volksschule gegangen war, wohnte im selben Haus.

Am ersten Schultag, dem Fest der geschmückten Schultüten, hatte Judiths Mutter wieder einmal die Haare ihrer Tochter verleugnen wollen. Sie begann frühmorgens mit der Prozedur, die kaltes Wasser, Zitronensaft, scharfe Kämme und ein Brenneisen erforderte. Judith schrie und tobte, ihrer Mutter rutschte mehrmals die Hand aus, wie man die Ohrfeigen damals nannte, das Kleid wurde schmutzig, weil Judith sich zwischendurch am Boden wälzte, und das Seidentuch, das als überbreites Band ihre Haare niederhalten sollte, passte farblich nicht zum einzigen Ersatzkleid. Im Auto hielt Judith ihren malträtierten Kopf unter der Jacke versteckt, Judiths Mutter weinte lautlos, Judiths Vater spielte den unbeteiligten Chauffeur. Als sie bei der Schule vorfuhren, wo sich herausgeputzte Kinder den väterlichen Kameras präsentierten, hatte die dreijährige Salome unbemerkt einen Großteil von Judiths Süßigkeiten verschlungen und übergab sich gleich nach dem Aussteigen auf dem Gehsteig.

Judith hatte ihre halbleere Schultüte, von der die Papiergirlanden in Fetzen hingen, mit kerzengeradem Rücken weg von ihrer Familie in das Schulhaus hineingetragen, in einen Klassenraum, der noch nach Farbe roch. Sie überhörte tapfer das erste Pippi-Langstrumpf-Gezischel. Doch als sie von der Lehrerin ermuntert wurde, mehrere vorgedruckte Birnen anzumalen, die ihr persönliches Symbol für Kleiderhaken, Hausschuhfach und alle Schulbücher sein würden, jedenfalls so lange, bis sie lesen und schreiben konnte, und sie dabei feststellte, dass ihr Federpennal anscheinend, als weiteres Opfer des Haardramas, zu Hause vergessen worden war, begannen die Tränen zu fließen. Da stupste eine kleine Blonde ihren Unterarm an, schob ihr ein Taschentuch hin, teilte alle Buntstifte mit ihr und flüsterte später, als sie wieder hinaus, zu ihren wartenden Familien entlassen waren: Deine Haare sind so schön. Darf ich sie angreifen?

Judith nickte, Claudia streichelte ihr vorsichtig den Kopf, den Mund vor Anspannung halb offen, und sagte staunend: Wie rote Zuckerwatte.

Das war der Anfang.

Xanes erste Begegnung mit Claudia war angeblich in den Nebeln der Kindheit versunken. Judith unterstellte ihr, etwas zu verheimlichen. Aber Xane schien sich wirklich an nichts Besonderes zu erinnern und behauptete, Judith um die klar zuordenbare Geschichte mit der Zuckerwatte zu beneiden, übrigens die einzige gute Formulierung, die man je von Claudia gehört hatte. In Deutsch war sie später eine Doppelnull, noch schlimmer als in den anderen Fächern, von Biologie und Zeichnen abgesehen.

Kurz bevor sie ins Gymnasium kamen, hatten sie sich zum ersten Mal zu dritt getroffen. Lizzie Denneberg wollte die beiden Freundinnen ihrer Tochter miteinander bekannt machen, da sie alle in dieselbe Klasse kommen würden. Lizzie lud auch die Mütter ein. Xanes Mutter war an diesem Tag beim Friseur gewesen und sah obenherum etwas überdimensioniert aus, besonders im Vergleich mit Frau Dennebergs jugendlichem Pferdeschwanz. Sie versuchte diesen Nachteil mit sprudelndem Lob für Lizzies Blumenbalkon zu überspielen. Die Schüchternheit von Judiths Mutter hielten die beiden für vornehme Zurückhaltung. Immerhin war sie gerade für eine Weile gesund.

Als die Mütter Kaffee tranken, verzogen sich die Mädchen ins Kinderzimmer. Claudia wollte Blumen aus Seidenpapier basteln und legte ihre bunten Papierbogen, den Blumendraht, die Scheren und das Klebeband in einer, wie sie meinte, unwiderstehlichen Reihe auf dem Fußboden aus. Judith und Xane starrten einander an wie vom Blitz getroffen. Sie hatten beide eine Art zweite Claudia und einen dementsprechend kindischen Nachmittag erwartet. Und nun waren sie entzückt, wegen der ungeahnten neuen Möglichkeiten, aber auch verwirrt wegen ihrer Verpflichtungen gegenüber Claudia, die nichtsahnend zum fünften Rad am Wagen geworden war.

In jenem Sommer, bevor sie in die Oberstufe kamen, war alles anders als in den Jahren zuvor. Xanes Eltern hatten den Familienurlaub aus irgendwelchen Gründen streichen müssen, und Xane war, wie Claudia, sofort nach Schulschluss von einem unbekannten Ort verschluckt worden. Sie blieb länger weg, als Judith erwartet hatte. Als sie endlich anrief, gestand sie unter viel Gekicher und verräterischen Abschweifungen, dass sie auf dem Rückweg noch ein paar Tage bei Claudia vorbeigeschaut habe.

Ein paar Tage, wiederholte Judith langsam, wie lange genau?

Aber Xane tat, als würde sie das nicht mehr wissen, warte mal, sagte sie, ich bin am Sonntag von

Nizza weg, also war ich am Montag – oder nein, ich glaube, es war erst Montag, als ich …

Vergiss es, sagte Judith, ist nicht so wichtig. Xanes Stimme klang so falsch wie ihre Geschichte, die undenkbar war bei ihren wohlorganisierten Eltern, und bei Claudias Großeltern sowieso, über die Claudia immer klagte, sie seien so streng. Aber dass Xane und Claudia schon vor den Ferien gewusst haben sollen, dass sie sich in jenem Dorf wiedersehen würden, nur sie beide, ohne Judith, hinter Judiths Rücken, das konnte sie sich noch weniger vorstellen. Und deshalb musste sie Xane sehen, so schnell wie möglich, und lud sie einfach für ein paar Tage ein, vereinbarte Datum und Uhrzeit, ohne um Erlaubnis gefragt zu haben.

Du hast *was* gemacht, zischte ihr Vater, du blödes, gedankenloses, egoistisches Stück …

Judith hatte vorsichtshalber zu weinen begonnen, ehe sie zu ihm gegangen war, in das Gartenhaus, in das er seit Wochen eine Sauna einzubauen versuchte. Von ihrer Mutter war zurzeit kaum etwas zu sehen, nur manchmal hörte Judith nachts, im Halbschlaf, dass sie mit dem Hund das Haus verließ.

Der Vater stand vor ihr, in einer staubigen Arbeitshose, das Gesicht ein unscharfer hellerer Fleck vor dem Hintergrund. Sie zog den Kopf ein und hob die Ellbogen vors Gesicht, er legte den Schlagbohrer hin, mit einer zarten, beinahe nachdenklichen Bewegung, aber dann war er schon bei ihr und schlug zu. Judith ließ sich fallen und umklammerte seine Knöchel. Sie schrie, bettelte und wimmerte, aber das alles war längst ein Programm, das in ihr ablief, eine Rolle, die dafür sorgte, dass sie so gut wie unempfindlich wurde. Es war, wie im Meer von ein oder zwei Wellen überrollt zu werden. Man wusste ungefähr, dass man nicht länger unter Wasser gedrückt würde, als man maximal die Luft anhalten konnte. Genauso, wie sie wusste, dass sie die Zähne fest zusammenbeißen, die Nackenmuskeln aber möglichst locker lassen musste, wenn der Vater zum Schluss mitten in ihre Haare greifen und ihren Kopf ein paarmal hin- und herschütteln würde. Da er durch ihre Büßerinnenhaltung raffiniert an den Beinen behindert war, konnte er ihr ja sonst gar nicht richtig weh tun. Bei einer solchen Gelegenheit hatte sie sich einmal beinahe ein Stück Zunge abgebissen und war danach zum ersten Mal über das eigene Spiegelbild erschrocken, sein Handabdruck samt Ehering fast komplett im Gesicht und all das Blut, das noch lange in ihren Mund lief. Als er mit beiden Händen in ihren Haaren war, ließ sie seine Beine los und rollte sich wie ein Igel zusammen. Dann kam ein Tritt, und noch einer, und dann war es vorbei.

Er saß auf einem Haufen Ytongsteine, das Gesicht in den Händen. Als er wieder aufsah, hätte er einem fast leidtun können, auch wenn sie gleichzeitig davon träumte, ihm den Schlagbohrer durch die Kniescheibe zu drillen. Du weißt doch …, murmelte er und deutete mit der Hand ins Ungefähre, du kannst nicht einfach …

Judith setzte sich auf. Sie bemühte sich, noch ein bisschen zu schluchzen und die Nase aufzuziehen.

Papa, ich hab nicht … Xane war in jeden Ferien da … soll ich wieder absagen?

Ihr Vater schüttelte den Kopf und stöhnte. Und genau darauf hatte sie gezählt. Deshalb war es einerseits ihre einzige Möglichkeit gewesen und andererseits ein so großes Verbrechen: Es mussten Tatsachen geschaffen werden, weil ihr Vater sein Gesicht nicht verlieren konnte. Nicht nur beim Schlagen war er verlässlich. Wenn Judith Xane eingeladen hatte, konnte man nicht zurück. Xane war immer willkommen. Xanes Vater war ein bekannter Mann. Judiths Vater würde sein Gesicht nicht verlieren. Mehr war ihm kaum geblieben.

Denk dir halt was aus, sagte er, und Judith nickte. Aber mach das nicht noch einmal, sonst bring ich dich um.

Seit sie Xane kannte, kam Judith viel besser mit sich selbst zurecht. Früher hatte sie niemanden nach Hause eingeladen, hatte behauptet, dass sie von den fremden Kindern keines leiden konnte. Ihre Eltern irritierte das nicht. Die anderen Kinder blieben in dem Glauben, dass das Haus von Judiths Eltern nicht nur zu weit weg, sondern auch zu vornehm sei, als dass sie mit ihren Rotznasen und Schokoladefingern als Besucher in Frage kämen. Als ihre Schwester drei Jahre später in dieselbe Schule kam, verdichteten sich die Hinweise auf ein irgendwie exzentrisches Leben der Baer-Mädchen, weil Salome immer von *unserer Villa* sprach, genauso wie sie die Bäckerei ihrer Eltern als *unsere Konditorei* bezeichnete.

Die meisten Kinder kannten die Bäckerei Baer, die in der Nähe der Schule lag. Sie hieß vor allem wegen der hübschen Alliteration so, denn sie hatte durchaus gehobenen Anspruch. Man konnte auch sitzen und Kaffee trinken. Als Gesamtkunstwerk im Stil der zwanziger Jahre wehrte sie sich wie Asterix gegen die Ankerbrot- und Aida-Filialen, von denen sie umzingelt war. *Konditorei* schien dafür keine Übertreibung zu sein. Deshalb glaubten die Kinder auch die Villa.

Doch Judith hatte nie jemanden nach Hause eingeladen, weil sie sich für die Betonmischmaschine vor der Haustür schämte, für das rot-weiße Absperrband vor dem unbenutzbaren zweiten Stock und dafür, dass sie nicht einmal ein richtiges Bad hatten. Es gab nur eine Wanne mit Löwenfüßen, die in der Küche stand und in der ihre Mutter früher den ganzen Sonntagvormittag im warmen Wasser gelegen und Arien gesungen hatte. Damals hatte ihr Vater noch gelächelt, bevor er zu seinen endlosen Bauarbeiten ging, für die er, wie er später murrte, ein paar Söhne gebrauchen hätte können.

Judith sehnte sich nach der Art Zuhause, wie es Xane hatte, einer spießigen Neubauschachtel voller Verlässlichkeit. Aber Xane war hingerissen gewesen, das hatte Judith sofort erkannt, an ihrer ungewöhnlich blöden Bemerkung – Pippi wohnt wirklich in der Villa Kunterbunt – ebenso wie an ihrem Gesicht. Xanes ironische Distanz, das, was sie in Judiths Augen nicht nur anziehend, sondern auch gefährlich machte, verschwand für eine Weile, wenn sie Judith besuchte. Sie sah dann beinahe so glücklich aus wie sonst nur Claudia, wenn ihr eine Papierblume gelungen war.

Wenn Xane da war, vergaß Judith die Baumaschinen und die abblätternden Türrahmen. Xane wunderte sich nicht darüber, dass der Raum mit dem alten Flügel und dem ausgetretenen Sternparkett, in dem Judiths Mutter früher gesungen und getanzt hatte, ›gelber Salon‹ genannt wurde, und sie merkte sich, dass es theoretisch auch einen blauen Salon gab, der zurzeit als Lager für Werkzeuge und Farbkübel benutzt wurde. Bei uns zu Hause gibt es nur Zimmer, sagte Xane, rümpfte die Nase und stürzte sich kreischend, mit ausgebreiteten Armen, die Vortreppe hinunter, in den Garten hinein.

Als Xane aus dem Bus stieg, sah sie fremd aus, die Haare kürzer, die Haut gebräunt, und als Ganzes noch schmaler und größer. Dabei waren es nur ein paar Wochen gewesen. In der Hand hielt sie einen Brief, den sie anscheinend gerade geschrieben hatte. Judith tat so, als ob sie nicht wüsste, wo die nächste Trafik war. Das war weniger gelogen als eine Weigerung nachzudenken. Als Xane insistierte – komm schon, du wohnst hier –, wurde sie bockig, sagte nichts mehr und schoss eine leere Dose ins Gebüsch. Xane zuckte die Schultern und fragte einen Passanten.

Als sie die Briefmarke hatten, fragte Judith wie nebenbei nach dem Empfänger. Xanes Einsilbigkeit konnte ja auch das Gegenteil bedeuten, dass sie nämlich darum bettelte, gefragt zu werden. Doch hochnäsig kam zurück: Kennst du nicht.

Ich wollt nur wissen, ob du schon stirbst vor

Sehnsucht nach unserer Mitzi Keuschli, stichelte Judith, und Xane stutzte und begann zu lachen.

Mitzi Keuschli, wiederholte sie, das ist ja gut! Wann ist dir das denn eingefallen? Du, unsere Mitzi kann schon melken, sie hat es mir gezeigt, nur den Trick aus ›Heidi‹, mit in den Mund spritzen, den übt sie noch.

In den Mund spritzen, quiekte Judith, bist du grauslich, und dann lachten sie und sprachen von Claudia nur noch als Mitzi Keuschli und darüber, ob sie wohl ihre blonden Schamhaare zu Zöpfen flechten konnte, und das, als alter dünner Klebstoff, musste eben vorläufig genügen.

Die Tage mit Xane vergingen kaum anders als vorher. Trotzdem fühlte Judith sich irgendwie gesichert, nicht nur stabiler, sondern auch weiter weg, wie ein Boot in fremdem Hafen. Abends blieben sie lange auf und spielten ihre paar Schallplatten, dann schliefen sie in den Vormittag hinein, lagen später im Garten, warfen mit Steinen auf die Regentonne und unternahmen einen halbherzigen Versuch, ein Baumhaus zu bauen.

Mit Judiths Vater war Xane immer gut zurechtgekommen; ihm gegenüber benahm sie sich wie ein Ausbund an Vernunft und Erwachsenheit. Wenn sie sich unterhielten, kamen sie Judith fast feindlich vor, diese beiden, die einen intakten Abstand zueinander hatten und deshalb so zivilisiert miteinander sprechen konnten wie programmierte Puppen. Sie dagegen war verwickelt, mit dem einen wie der anderen, da bekam alles eine Bedeutung, der Ton, der Ausdruck und auch das, was fehlte.

Die Sache mit Mama wurde Xane beiläufig mitgeteilt. Judith bemerkte wieder einmal, wie sehr sie es genoss, andere lügen zu hören. Ach, übrigens, sagte Papa bei einem legeren Imbiss im Garten mit Semmeln und Würsteln und betrachtete dabei nicht Xane, sondern seine Tochter so interessiert, als hätte sie ein neues Gesicht, ich weiß nicht, ob Judith es dir schon erzählt hat, aber ihre Mutter ist ein bisschen überarbeitet. Am besten lasst ihr sie in Ruhe.

Kein Problem, sagte Xane lässig, während sie mit ihrem Würstel Kreise durch den Senf zog, wir halten uns im Hintergrund. Super, dein Vater, sagte sie später, und wo steckt deine Mutter die ganze Zeit?

Wahrscheinlich im Bett, sagte Judith. Sie geht dafür in der Nacht spazieren.

Das braucht sie sicher, als Erholung, sinnierte Xane, vollkommen zufrieden mit sich und ihrem Einfühlungsvermögen: Diese Freiheit, den Rhythmus total umzudrehen. Und Judith dachte, halt du einfach den Mund.

Sie lagen nebeneinander, quer in einer muffigen Hängematte, die Füße im Gras, und rauchten. Judith stahl ihrem Vater Zigaretten aus den Päckchen, die überall herumlagen, und nahm an, dass er das sogar wusste. Sie hortete sie im Garten, in einer gelben Blechdose mit Mohrenkopf, deren Versteck regelmäßig wechselte. Xane rauchte bemüht und unsouverän. Ihr Filter war immer feucht, sie spreizte den kleinen Finger unnatürlich ab wie alte Weiber beim Teetrinken und hüstelte.

Eigentlich darf ich gar nicht rauchen, sagte sie und schnippte den Stummel in einen Busch.

Glaubst du, ich darf, fragte Judith und zündete sich die nächste an der vorherigen an.

Ich hab als Kind Lungenentzündung gehabt, sagte Xane, da wäre ich fast dran gestorben.

Judith schwieg.

Deswegen sind wir immer im Mai ans Meer gefahren.

Ich hab geglaubt, ihr seid im Mai gefahren, weil deine Eltern nicht fahren wollten, wenn alles voll ist?

Deswegen auch. Aber vor allem wegen meiner Lunge. Die salzige Luft im Frühling. Der Arzt hat gesagt, rauchen sollte sie später halt nie. Ich war alle paar Wochen beim Schleimabsaugen, da haben sie mir so eine Maske aufgesetzt, Lachgas, glaube ich, ich habe geheult und geschrien und den Kopf weggedreht, das war so was von brutal. Sie ließ den Satz ohne Abschluss in der Luft hängen.

Nicht weinen, sagte Judith.

Xane sprang auf und trat gegen die Hängematte. Geh scheißen, sagte sie und verschwand.

Nach einer Weile erhob sich auch Judith und spähte um die Ecke. Xane saß am Gartentisch und schrieb. Wahrscheinlich der nächste Brief. Judith beschloss, sich aus ihrem Zimmer ein Buch zu holen. Im Haus war es still und kühl. Die Tür zum gelben Salon, in den der Vater ein großes, hohes Bett für die Mutter stellen hatte müssen, war weiterhin geschlossen.

Judith ging in ihr Zimmer und hockte sich auf den Boden. Sie wühlte unentschlossen in ihren Sachen herum, betrachtete Bücher, zog ein paar Fotos heraus und kniete plötzlich vor Xanes Reisetasche.

Die Briefe waren nicht großartig versteckt, nur ganz unten, so dass man die Hand an der Taschenwand entlang bis zum Boden schieben musste. Und sie tat auch nichts anderes, als einen Blick auf den Absender zu werfen. Dann steckte sie die Briefe zurück und ging wieder hinaus, in die Hängematte.

Irgendwann kam Xane zurück. Ich glaub, ich rauch noch eine, sagte sie.

Judith hielt ihr die Mohrendose hin.

Dein Vater hat gerade gesagt, ich soll ihn ruhig duzen, sagte Xane und kicherte, das finde ich aber komisch: Heinz …

Tom ist natürlich viel schöner, sagte Judith, aber wahrscheinlich heißt er eh nur einfach Thomas?

Xanes Gesichtsausdruck erschreckte sie, und sie hätte es gerne zurückgenommen. Aber wenn man etwas begonnen hat, muss man es fertig machen, sonst bricht alles zusammen, das predigte ihr Vater immer, auch wenn man viel Geduld braucht, gerade mit einem so anspruchsvollen Objekt, das erst mehr verlangt, dann aber viel mehr können wird, ihr werdet schon sehen, das alles ist eine Investition in die Zukunft.

Xane stand vor ihr, eine Hand zur Faust geballt, in der anderen die unangezündete Zigarette.

Hau mich ruhig, sagte Judith leise, du kannst mich gern hauen, aber ich hab sie nicht gelesen, das schwöre ich dir.

Xane stand und starrte.

Feuer, fragte Judith und musste beinahe lachen. So ging es ihr leider oft, auch wenn ihre Mutter schimpfte und schluchzte, aus keinem ersichtlichen Grund, und wenn sie drohte, sie werde alles dem Vater erzählen, am Abend, und der werde es ihr schon zeigen, das wisse sie genau, wenn es ihr so schlechtgehe, könne Judith sich nicht aufführen wie …, und dann gingen der Mutter manchmal die Worte aus, und sie warf mit irgendetwas, einmal sogar mit einem Topf, aber nicht mit dem heißen, und bei solchen Gelegenheiten musste Judith manchmal lachen, obwohl es die Lage nie verbesserte, im Gegenteil, aber sie rechnete sich das immerhin als Ehrlichkeit an.

Xane drehte sich um und sagte im Weggehen, bin gleich wieder da, und sie war so schnell zurück, dass Judith meinte, sie habe in der Zwischenzeit höchstens einmal an der Zigarette gezogen, irgendwie magisch. Zurück kam sie mit den drei Briefen und warf sie ihr hin, du kannst sie gerne lesen, lies sie halt, doch Judith wollte nicht, um nichts in der Welt wollte sie jetzt das, wovor sie sich zwanzig Minuten vorher nur mühsam hatte bewahren können, ich will nicht, das interessiert mich nicht, behalt deine Briefe, oder erzähl mir halt, was drinsteht, wer ist der Typ überhaupt?

Und von da an wurde endgültig alles anders, vollkommen anders, aber nicht besser.

Von da an ließ Xane alle Gefühle strömen, immer wieder, in süßlichen Sturzbächen: wie sie diesen Tom in Frankreich kennengelernt hatte, wie er aussah, was er zu ihr gesagt hatte, dass er einmal ihre Hand genommen hatte, und die besten Passagen seiner Briefe konnte auch Judith bald auswendig. Am Anfang fand sie es ebenfalls *unglaublich,* dass Tom aus einem Ort in der Nähe von Claudias Großeltern stammte, und *total genial,* wie Xane ihre Eltern überredet und sich bei Claudia selbst eingeladen hatte. Am Anfang war sie von der Geschichte mitgerissen, aus Erleichterung, weil Xane nicht zu Claudia übergelaufen war, und aus juckender Neugier, da sie selbst bisher erst zwei Arten von Männern begegnet war, den Buben aus der Klasse, die noch mit Schlümpfen spielten, und ihrem Vater, diesem pathetischen Schläger.

Aber bald ging es ihr tödlich auf die Nerven. Die einzigen Momente, wo Xane nicht von Tom sprechen, tiefsinnige Überlegungen bezüglich Toms Charakter anstellen und ihre eigenen Gefühle in immer schillerndere Einzelteile zerlegen konnte, waren die Fahrten mit Salome und dem Vater zum Großmarkt. Für Judith war das ein Unterschied wie zwischen Pest und Cholera. Denn ihr Vater, der nicht mehr an die Erholung seiner Frau glauben mochte, verlangte, dass die Mädchen beim Einkaufen und Essenmachen halfen. Und Xane fand das allen Ernstes *interessant.* Zwar saß sie im Auto freiwillig hinten, damit Judith und Salome getrennt waren, aber abends ließ sie sich von ihrem neuen Freund Heinz beibringen, wie man Nudeln kochte oder Reis, sie rührte mit ihm Salatsoßen und benahm sich in jeder Hinsicht wie das Prämienmodell aus dem Tochterkatalog. Wenn die Schwestern beim Zähneputzen stritten, bis Judith brüllte und Salome biss, vermittelte Xane mit makelloser Fairness, schien aber insgeheim, genau wie der Vater, der Meinung zu sein, dass Judith übertreibe. Zur Strafe für alle, auch für sich selbst, ging Judith dazu über, nicht mehr *Papa* zu sagen, und so hatte nur noch Salome einen Papa, und die großen Mädchen hatten einen Heinz, der ihnen abends sogar einen Schluck Wein erlaubte.

Tom hatte Xane ausgelacht, als er hörte, dass sie im Herbst mit Altgriechisch beginnen würde. Damit, hatte er gesagt, könne man ja nicht einmal in Griechenland Kellner werden. Xane erhob den blöden Spruch zum Gesetz. Sie benutzte ihn auch gegenüber Judiths Vater, hier natürlich als ihre eigene Schöpfung, und ihre hohen Wangenknochen färbten sich unter Judiths Blick. Sie verließ sich auf Judith, und Judith fragte sich, wieso.

Heinz blieb gelassen, er hatte selbst Altgriechisch gehabt, und ein paar Jahrgänge vor ihm hatte man sogar Hebräisch gelernt. Dass man als Bäcker weder Platon noch Homer brauche, könne er bestätigen, sagte er mit ironischem Lächeln, andererseits habe nicht jedes Wissen einen direkten Nutzen. Man übe das Denken, so wie ein Sportler seine Kondition stärke. Als er Judiths Mutter begegnete, studierte er Bratsche und Komposition, doch davon hatten seine Töchter damals keinen Schimmer.

Ich bin sicher, er erlaubt es, flüsterte Xane am Abend, als sie in den Betten lagen. Sie war von ihrem geheimen Plan, in letzter Minute gemeinsam die Schule zu wechseln, inzwischen genauso besessen wie von diesem Tom.

Wahrscheinlich erlaubt er mir alles, was du darfst, antwortete Judith und war sich keineswegs sicher. Sie fühlte sich außerstande, an die Schule auch nur zu denken, sie konnte keine Entscheidung treffen, sie hatte weder Kraft noch Eile. Sie wollte es laufenlassen, selbst wenn das am Ende Altgriechisch hieß und sie schon in Latein keine Leuchte war. Sie wollte weiter mit Claudia und Xane in die Schule gehen und nachher mit beiden oder einer von beiden für die Hausübungen in die Bäckerei, Vokabeln lernen, Kakao und Kipferl, und es war ihr sowieso egal, was man sie, wo auch immer, zu lernen zwang. Sie wollte bestimmt nicht ohne Xane, nur mit Claudia und Altgriechisch zurückbleiben, aber Claudia allein zu lassen schien ihr auch nicht okay. Sie hasste diesen Tom, das war die einzige Gewissheit, die sie aber verbergen musste. Am liebsten wäre ihr ein endloser Sommer gewesen, mit Xane und den Zigaretten hinten im Garten und abends die Schallplatten, und vielleicht würde Xane irgendwann aufhören, Briefe zu schreiben, und noch später würde etwas passieren oder auch nicht, und eines Tages wäre trotzdem, wie von selbst, klar, wie es weitergehen sollte.

Wirst du mit ihm schlafen, fragte sie, ohne zu flüstern, in die Dunkelheit.

Judith! Spinnst du?!

Wieso? Da denkst du sicher drüber nach.

Nein, da denk ich nicht drüber nach! Das kann ich mir überhaupt nicht vorstellen, und außerdem geht es mir nicht darum, aber das verstehst du sowieso nicht.

Vielleicht geht es ihm ja darum, sagte Judith und grinste, ohne dabei gesehen zu werden.

So ist er nicht, zischte Xane, was weißt denn du. Halt einfach den Mund.

Judith wurde mitten in der Nacht von Geräuschen geweckt, denen sie im Aufwachen ratlos nachlauschte. Als sie ihr Zimmer verließ, kam ihr im Dunkeln Salome entgegen. Mit nackten Füßen, Hand in Hand, folgten sie dem Lärm nach unten bis vor die angelehnte Küchentür. Durch den Spalt beobachteten sie ihre Mutter, die in der Wanne saß, mit den Händen aufs Wasser patschte, spritzte und lachte und sang, manchmal schrie sie etwas, doch die Kinder verstanden es nicht. Ihr Vater stand davor, mit ausgebreitetem Handtuch, ein tragischer Torero, und bettelte. Zwischendurch setzte er sich an den Tisch, das Handtuch über den Knien, stützte die Ellbogen auf und schüttelte den Kopf in den Händen. Einmal stand er schnell auf, ließ das Handtuch zu Boden gleiten, eilte mit großen Schritten zu ihr und packte sie am Oberarm. Salome drückte Judiths Hand fester. Aber die Mutter lachte nur, sie warf den Kopf in den Nacken und schüttelte ihn blitzschnell hin und her, dass die Haare flogen wie ein nasser Pelz, und sie lachte dabei tief und unheimlich, so ähnlich wie ihr Hund die Tauben anbellte. Allmählich wurde sie leiser, weniger aufgeregt, aber bevor sie zu weinen begann, zog Judith Salome von der Tür fort, und sie schlichen zurück in ihr Zimmer. Dort brannte inzwischen Licht. Xane saß quer im Bett, mit dem Rücken zur Wand, und schaute erschrocken. Was ist los, fragte sie, während in der Küche Glas splitterte, ist etwas passiert, und da musste Judith wieder lachen.

Aber nein, sagte sie mit dem verbindlichsten Gesichtsausdruck, zu dem sie fähig war, während sie für ihre kleine Schwester die Bettdecke hob, die

Mama badet halt manchmal mitten in der Nacht, das ist ganz normal, frag Salome. Und Salome nickte eifrig und wiederholte, sie badet, die Mama badet jetzt nur, und schlüpfte in Judiths Bett, schob sich an ihr vorbei, dicht an die Wand, rollte sich dort ein und schlief.

Am nächsten Tag stand Mama in der Küche, blass und duftend, und kochte Marmelade ein. Xane, sagte sie und lächelte mit zur Seite gelegtem Kopf, dass man sie umarmen hätte mögen, immer größer, immer hübscher – geht's dir gut? Habt ihr's schön, ihr zwei? Und Xane nickte und schien beruhigt und ging ihr natürlich gleich mit den Unmengen an Zwetschken und Marillen zur Hand, die Heinz wohl in aller Herrgottsfrühe vom Großmarkt geholt hatte. Die rituelle Frage, ob sie sich auf die Schule freue, nutzte Xane sofort dazu, ihre Altgriechisch-Zweifel auszubreiten, sie ging sogar so weit, zu gestehen, dass man sich noch bis kurz vor Schulbeginn in einer anderen Schule anmelden könne, dass sie das herausgefunden habe, aber Mama lächelte nur, wie benommen vom Fruchtgeruch, und murmelte abwehrend, sie wisse nicht, davon verstehe sie zu wenig, um ihr raten zu können, und Judith wäre gewiss sehr traurig, wenn Xane die Schule verließe. Und sie selbst übrigens auch.

Judith schaute, dass sie davonkam.

Später, als Salome und sie sich verkeilt am Boden wälzten, kamen die beiden angerannt wie ein Einsatzkommando. Mama hatte nicht einmal das Obstmesser weggelegt. Als Salome sie sah, schwoll ihr grässliches Kreischen ins Fortissimo an, sie boxte und trat, als gäbe es vor Publikum Extrapunkte. Es gelang ihr, sich loszureißen, und sie stürzte zu ihrer Mutter. Als sie die Arme um sie schlang, hob diese nur abwehrend die Ellbogen und ließ sich festhalten. Ihre Hände waren wahrscheinlich klebrig vom Einkochen.

Judith setzte sich auf.

Sie hat in mein Bett gemacht, sagte sie und zeigte auf die zerwühlten Decken. Und jetzt will sie es nicht neu überziehen.

Das stimmt nicht, heulte Salome, ich hab nur Wasser ausgeschüttet. Judith zog das Leintuch zu sich her, knüllte es zusammen und warf es in ihre Richtung: Beweis es mir, indem du daran schleckst.

Ihre Mutter lehnte im Türrahmen und sagte nichts. Noch immer hielt sie, wie ein fluchtbereiter Vogel, die Arme von ihrer jüngeren Tochter weg und in die Höhe, in einer Hand das Messer.

Xane hob das Leintuch auf. Wo gibt's ein neues, fragte sie, und Judith sah sie böse an und sagte: Der Wäschekasten ist im blauen Salon. Xane floh und hatte wohl Mühe, das richtige zu finden, denn als sie endlich zurückkam, flocht Judith Salome einen Zopf, und Salome hielt ihre Schachtel mit den bunten Tüchern auf dem Schoß, von denen sie unbedingt eines Xane und eines ihrer Schwester schenken wollte. Durch das Haus zog Obstgeruch.

In diesen Tagen rief immer wieder Claudia an, doch im Hause Baer ging man selten zum Telefon. Der Vater war meistens zu weit weg und zu geräuschvoll beschäftigt, die großen Mädchen trieben sich, wenn sie nicht in den Weinbergen spazieren gingen, weit hinten auf dem Grundstück herum, die Mutter wich dem Apparat aus wie jedem anderen Fremden, und so antwortete, wenn überhaupt, Salome, die oft in der Küche saß und malte. Wie alle Elfjährigen hatte Salome ein schlechtes Gedächtnis. Deshalb richtete sie Claudias Botschaft, dass sie zurück sei und Judith und Xane unbedingt treffen wolle, nicht nur zu spät aus, sondern auch ohne leidenschaftliches Drängen.

Die Keuschli hat ihre Ziegen und Kühe im Stich gelassen, sagte Judith träge, während sie in der Hängematte schaukelte, und Xane stöhnte: Jetzt ist ihr natürlich fad.

Sie konnten sie nicht gebrauchen, nicht gerade jetzt. Judith hatte schon mit dem körperlosen Tom, der ihr einen beträchtlichen Anteil an Xane stahl, genug zu kämpfen, und Xane brütete über der besten Strategie für den Schulwechsel. Da war Claudia ein unsicherer und gerne vernachlässigter Faktor. Aber wie die Erbse im Bett der Prinzessin schien es sie zu drücken, das wiederkehrende Läuten des Telefons, das sie hie und da hörten, wenn die Fenster der Villa offen standen, Heinz nicht bohrte oder sägte und der Wind aus der richtigen Richtung kam.

Judith wollte unbedingt Shit kaufen; oben bei den Heurigen war sie einmal von einem Burschen angesprochen worden. Auf seiner Handfläche, die er ihr sekundenkurz zeigte, hatten Aluminiumkügelchen geglitzert, von denen sie sich einiges versprach. Xane vermied das Thema, so gut es ging; wenn Judith sie direkt darauf ansprach – kommst du jetzt mit oder nicht? Ich geh auch allein! –, behauptete sie, sie fände es schade ums Geld. Wahrscheinlich war sie von der Anti-Drogen-Propaganda ihrer Eltern paralysiert und stellte sich vor, dass sie durch die Welt taumeln würde wie eine Hypnotisierte und nicht im Geringsten mehr wüsste, was sie sagte oder tat. Zur Ablenkung maulte sie, dass sie das für kindisch halte, ein teures, wirkungsloses Spielzeug für solche, die allein auf die Verlockung von Verboten hereinfielen.

Eines Morgens setzte Judith fest, dass sie an diesem Tag, unabänderlich, das Zeug kaufen und rauchen werde. Widerwillig kam Xane mit.

Auf dem Weg nach oben, kurz vor den Heurigen und dem Prominentenrestaurant, wo sie den Burschen mit den Kügelchen damals gesehen hatte, stand eine Telefonzelle. Von dort, schlug Xane vor, könnte sie ihre Mutter anrufen, um ihr endlich ihren Entschluss zum Schulwechsel mitzuteilen. Vielleicht, wenn alles halbwegs glattging, konnte man sie dazu bringen, abends mit Judiths Eltern zu telefonieren.

Okay, fragte Xane, ist das okay für dich? Sie zuckte die Schultern. Judith, drängte Xane, ich kann nicht behaupten, du willst auch unbedingt, und dann fragen sie dich, und du sagst, dir ist es egal …

Mir ist es nicht egal, sagte sie, ich will nicht allein bei Claudia und der Fausch bleiben.

Sie saßen im Gebüsch an der Grundstücksgrenze und rauchten. Einmal waren sie auf dem Panoramaweg von irgendwelchen Mumien gefragt worden, ob sie schon sechzehn seien. Während Xane die Augen niederschlug und vermutlich am liebsten die Zigarette ausgetreten hätte, fragte Judith zurück: Und Sie, waren Sie bei den Nazis? Aber seither rauchten sie erst im Garten fertig und gingen danach hinaus.

Als sie bei der Telefonzelle ankamen, wollte Xane doch zuerst den Burschen suchen, da sie gar nicht wüssten, ob sie ihn überhaupt fänden. Oben, bei den Heurigen, war niemand. Judith lehnte sich an einen Zaun und zog die nächste Zigarette hervor.

Was machen wir jetzt, fragte Xane, und sie sagte: Warten, was sonst?

Nach einer Weile erschien ein kleiner Bub, höchstens acht, sie winkte ihn herbei. Als sie ihm sagte, was sie wollte, lief er weg. Nach einer Weile tauchte der Typ auf, Xane hielt sich abseits, als würde sie gar nicht dazugehören. Sie ging sogar ein paar Schritte weg, stand an der Straße und sah in die Landschaft. Sie ließ sie alles allein machen.

Als es vorbei war, schlenderte Judith zu ihr hinüber: Gehen wir?

Hat's nicht geklappt, fragte Xane, gerade so, als würde sie sich freuen, und Judith hob die Augenbrauen und sagte: Doch, wieso?

Nun fühlte sie sich hoffentlich wie ein Vollidiot. Sie näherten sich der Telefonzelle.

Sie fragte, hast du überhaupt genug Schillinge, und Xane sagte, sicher. Und damit war klar, dass sie es tun musste, den Stein lostreten, obwohl sie es beide in diesem Moment vielleicht gar nicht mehr wollten.

Xane brauchte lange; Judith sah sie Münzen einwerfen, wählen, sprechen und den Bügel wieder herunterdrücken, die Münzen aus dem Metallfach klauben und neu einwerfen. Wahrscheinlich musste sie ihre Mutter erst finden; die befand sich immer irgendwo zwischen Friseur, Freundinnen, Kaffeehaus und Tennisclub. Xane hatte alle Nummern im Kopf.

Xanes Mutter lobte auch Judith gegenüber gern und wortreich die Schönheit von Judiths Mutter. Xane, die oft abfällig über ihre Mutter und deren Oberflächlichkeiten sprach, unterstellte ihr, nicht fassen zu können, dass eine Frau, die arbeitete, trotzdem gut aussah. Doch Judith hörte in Frau Molins Worten den melancholischen Neid. Ihre Eltern wurden von vielen, besonders den Frauen, als das perfekte Paar angesehen, weil sie alles gemeinsam machten, die Bäckerei gemeinsam führten, gemeinsam ein altes Haus renovierten, das war die allgemein verbreitete Ansicht. Sie stimmte ja auch, irgendwie.

Frau Molin wiederum blieb für Judith ein freundliches Rätsel, manchmal überbesorgt, dann wieder äußerst großzügig. Im Gegensatz zu ihrer eigenen Mutter führte sie einen perfekten Haushalt und war, wenn sie denn zu Hause war, immer dabei, aufzuräumen und sich über Unordnung zu beklagen, von der gar nichts zu sehen war.

Schule und Noten waren dagegen im Hause Molin kein Thema. Xanes Eltern interessierten sich schlicht nicht dafür; da Xane von Anfang an eine der Besten war, interessierte es sie noch weniger. Deshalb wunderte sich Judith, dass sie aus dem Schulwechsel so eine Sache machte. Xanes Eltern würden höchstens über den Aufwand stöhnen, den es kostete, Formulare auszufüllen und ihre Tochter ab- und woanders anzumelden. Xanes Vater war dauernd in Geschäftsangelegenheiten unterwegs, und die Mutter müsste im schlimmsten Fall einen Friseurtermin oder eine Bridgepartie verschieben. Vielleicht wünschte Xane sich bloß, dass es mit ihren Eltern schwieriger wäre, und nahm deshalb einen so langen Anlauf. Vielleicht war Xane sich weniger sicher, als sie tat.

Als sie aus der Telefonzelle kam, schien sie nachdenklich.

Sie gingen schweigend ein paar Schritte.

Warum uns das nicht früher eingefallen ist, berichtete sie schließlich, und was uns einfällt, dass wir noch nicht mit der Claudia geredet haben.

Ohne Keuschli kein Französisch, sagte Judith und stieß Xane aufmunternd mit der Faust, in der sie die kleine Aluminiumkugel verborgen hielt, gegen die Schulter, ist doch eigentlich egal.

Ein vertrautes Gesicht, sagte Xane mit dem

schafsartig andächtigen Ausdruck, mit dem sie üblicherweise Claudia imitierten.

Ein guter Kerl, ergänzte Judith mit derselben schlaffen Grimasse, und dann lachten sie und konnten gar nicht mehr aufhören und standen da und bogen sich und ließen die Tränen laufen und japsten, dass sie sich gleich in die Hose machen würden, so wie früher, als sie noch kleiner waren, da war ihnen das wirklich manchmal passiert.

Am Abend kam die Mutter erstmals zum Essen heraus. Heinz versuchte gerade, Xane das Palatschinkenwerfen beizubringen, aber nachdem ihre erste zu aller Vergnügen auf dem Badewannenrand gelandet war, weigerte sie sich, es noch einmal zu machen. Xane konnte schlecht verlieren, und wenn ihr etwas nicht sofort gelang, schämte sie sich.

Judith nahm an den Unterhaltungsprogrammen ihres Vaters grundsätzlich nicht teil, sondern saß bucklig am Tisch und wartete auf das Essen. Salome hingegen wollte es unbedingt versuchen, aber nachdem ihr zu viel Teig in die Pfanne geschwappt war, wurde ihr Vater wütend. Diese Palatschinke kann man nicht mehr wenden, schimpfte er, das ist ja beinahe schon Kaiserschmarren.

Unwendlich, ließ sich da Mama vernehmen, eine unwendliche Geschichte, und Heinz schaute so erstaunt, als täte ihm etwas sehr weh.

Zur vereinbarten Zeit läutete das Telefon, Xane senkte das Kinn und wurde ein bisschen rot.

Für einen von euch, sagte Salome zu ihren Eltern, das ist die Frau Molin.

Ihr Vater runzelte die Stirn, bevor er den Hörer nahm, und sah zu Xane hin, aber die hatte sich gefangen und lächelte unschuldig zurück.

Das Gesicht nicht verlieren, dachte Judith und stocherte in ihrem Essen herum, verlier jetzt nicht dein Gesicht, man kann auch den Kopf verlieren, und den Verstand, und das Bewusstsein. Sogar das Leben.

Mama rührte in einem Marmeladeglas. Fehlt Zimt, fragte sie, als wäre sie gerade erst aufgewacht. Xane versicherte, dass das die beste Marmelade sei, die sie je gegessen habe, denn eigentlich esse sie nie Marmelade. Ich bin nämlich keine Süße, sagte sie mit einer Formulierung, die sie bestimmt von ihrer Mutter hatte, und Mama hob den Kopf und antwortete, da sei sie aber froh. Ihre Töchter seien alle beide Süße, Salome habe damals sogar Judiths Schultüte geplündert …

Und vors Schultor gespieben, warf Judith ein. Wirklich, sagte Mama, daran erinnere ich mich gar nicht. Jedenfalls, wenn ich von mir auf die Kinder schließe, wird das jetzt bald ein Problem.

Ein Problem, fragte Xane, die wohl die Konversation in Gang halten wollte, um nichts von dem Telefonat zu hören, das ohnehin hauptsächlich von ihrer Mutter geführt zu werden schien.

Na, schau mich an, lächelte Mama, ich bin bald die Venus von Willendorf, und Xane lachte und sagte: Jetzt übertreiben Sie aber maßlos!

Heinz gab den Hörer an Xane weiter, stand auf und winkte Judith mit hinaus. An der Tür sah sie, dass Xane ihr verstohlen das Daumen-hoch-Zeichen machte. Dann folgte sie ihrem Vater in das Saunahäuschen.

Als sie zurückkamen, streckte Mama mit ungewohnten Schnalzlauten die Arme nach ihr aus, doch Judith ging vorbei, wich mit der Hüfte ein wenig aus und setzte sich.

Möchte jemand noch eine Palatschinke, fragte Mama in die Stille, ich würde sie machen, ich will auch eine werfen, ich möchte gern wissen, ob ich es noch kann oder ob ich mich verwerfe, wäre das verwerflich? Sie kicherte.

Du kannst es immer am besten, beschwichtigte Salome, das verlernt man doch nicht, aber sonst sagte keiner etwas, und niemand wollte mehr Palatschinken.

Aber Heinz, fing Mama da noch einmal an, Französisch ist schön, ich hätte gerne richtig Französisch gekonnt, und Papa sah sie an und sagte, ja, Zsuzsa, ich weiß.

Doch damit war ihm das Thema noch einmal aufgezwungen, und er begann zu predigen, kurz und scharf und leise, dass er es nicht schätze, bereits getroffene Entscheidungen in letzter Minute umzuwerfen.

Denn ihr habt euch ja für eure alte Schule entschieden, sagte er und sah Xane an, damals im Jänner hat jeder sagen müssen, ob er bleiben will. Da hat euch das nicht interessiert. Deshalb aber ist das jetzt schon die zweite Entscheidung, die ihr in dieser Sache trefft, nicht die ›erste richtige‹, wie deine Mutter es verständnisvoll darstellt. Ich bin, und Judith weiß das genau, der festen Überzeugung, dass man zu Ende bringt, was man, ich betone: aus eigener Entscheidung, einmal angefangen hat und dass es besser ist, früh mit Selbstdisziplin zu beginnen.

Xane schluckte und schien den Tränen nahe. Die Arme, jetzt hatte sie sich so lange für Heinz' beste Freundin gehalten.

Aber man konnte hören, worauf es hinauslief: Er erlaubte es, er würde noch eine Weile Theater machen, aber am Ende würde er es erlauben, Xane und Judith wechselten die Schule, und Claudia blieb freiwillig zurück.

Xanes Mutter zufolge war Claudia nämlich in Tränen ausgebrochen, als sie von Judiths und Xanes Entschluss hörte. Ihre Entscheidung jedoch sei so spontan wie eindeutig gewesen. Sie würde da bleiben, wo sie sich auskannte, bei der Frau Professor Fausch und den anderen Kindern; und dass man sich auf euch beide nicht verlassen kann, hat sie jetzt wohl begriffen, hatte Heinz gezischt, bevor er die Schnalle öffnete.

Xane hatte gewonnen. Wie immer bekam sie alles, was sie wollte. Frau Molin hatte bereits die Anmeldeunterlagen besorgt, gleich zweimal, auch für Judith. Und Claudia waren sie los, obwohl man sich ja theoretisch weiterhin in Claudias und Xanes Wohnhaus treffen konnte. Xane und sie würden auf das Leopoldeum gehen, mitten in der Innenstadt, die Sitten, hörte man, seien dort viel lockerer, sie brauchten kein blödes Altgriechisch zu lernen, alles würde neu und anders. Jetzt fehlte nur, sich zu freuen.

Der Inhalt der Aluminiumkugel sah aus wie hundertjährige Schokolade, grau, trocken und bröselig. Judith zerrieb das Zeug mit den Fingern über die vorbereiteten Tabakhäufchen, die sie mit der dünnsten Häkelnadel ihrer Mutter aus zwei Zigaretten geholt hatte. Xane saß am Boden, den Rücken gegen die Wand, die Knie aufgestellt und die Arme lang dazwischen. Wir müssen die Claudia anrufen, oder nicht, fragte sie, und Judith nickte. Sie schnitt ein Dreieck aus Papier und rollte es zu einem dünnen Trichter.

Was für ein Aufwand, sagte Xane, macht man das so oder hast du dir das ausgedacht?

Normal mit Zigarettenpapier, sagte sie, die Häkelnadel zwischen den Zähnen, und füllte den Tabak vorsichtig zurück in die hohlen Zigaretten, aber die wissen hier alle, dass mein Vater nur ›Milde Sorte‹ raucht.

Später saßen sie im dunklen Garten, zogen abwechselnd an der ersten umgebauten Zigarette und danach an der zweiten. Schon vor dem ersten Zug mutmaßte Xane, dass der Typ da oben sie gewiss betrogen hatte, na, schauen wir einmal, was er dir da verkauft hat, dröhnte sie.

Dass es keine getrocknete griechische Mulischeiße war, erkannte man genau daran, dass Xane auf solche Formulierungen kam.

Betrug, kicherte Xane, ich hab's dir gesagt, das wirkt überhaupt nicht.

Und es schmeckt ekelhaft, sagte sie und hustete, sie lachte und schwadronierte, was Judith sich da habe andrehen lassen, Schokolade von der Großmutter dieses Typen, wahrscheinlich erst im Weinberg vergraben, Erdgärung, wie die Schweden mit den Fischen, wir rauchen Schokolade, hustete sie, wie es sich in unserem Alter gehört, Schokoladezigaretten oder Mulischeiße. Und so ging es weiter, bis sie irgendwann zu jammern begann, ihr sei schlecht und sie habe Kopfweh.

Judith lag auf dem Rücken im Gras und fühlte sich ganz leicht. Sie hatte keine Schmerzen mehr. Der Sternenhimmel über ihr war nicht gleichmäßig gewölbt, denn sie konnte ihn mit ihrem Blick zum Ausdehnen zwingen. Er wich zurück und wurde noch größer, sie verursachte Ausbuchtungen dort, wo sie länger hinschaute, Sterntaschen, Milchstraßenfalten, Finsternisbeulen. So viel Macht hatte sie, und nur sie allein wusste davon.

Sie hörte Xane schnattern und war froh, dass sie da war. Antworten musste sie ihr nicht, denn egal, was sie sagte, Xane verstünde es doch nicht. Xane verstand eigentlich gar nichts, und wenn sie ehrlich war, verstand sie Xane auch nicht. Und trotzdem liebte sie sie. Sie liebte auch Claudia, das verschwitzte Schweinchen. Sie liebte sogar ihren Vater, jedenfalls den Teil von ihm, der ihre Mutter liebte, die anderen Teile brauchte sie nicht geschenkt. Den Gürtel hätte er stecken lassen können, das war echt übertrieben. Sie könnte ihren Hintern Xane jetzt sogar zeigen, denn am nächsten Morgen hätte sie es ohnehin vergessen. Aber dazu war sie zu faul. Sie lag im Gras, die Knie aufgestellt, und drängte mit den Augen die Sterne in den Hintergrund, und Xane schnatterte und schluchzte und kippte plötzlich um, es war noch immer so warm hier draußen, und alles war gut.

Am nächsten Morgen brachte Heinz die drei Mädchen in den Prater. Er gab Judith ungewöhnlich viel Geld und schaute ihr nicht in die Augen. Sie fuhren Autodrom und Taggada, sie ließen Salome schaukeln und Dosen werfen, weil sie sich nichts anderes traute, sie kauften ihr ein Langos und zweimal Eis.

Am frühen Abend riefen sie bei Claudia an, doch sie erreichten niemanden.

In dieser Nacht badete die Mama noch einmal, unter herrlichem, grauenhaftem Gesang. Alles Geschirr blieb diesmal heil, nur Salome tauchte wieder bei ihnen auf. Als Xane, die das Licht angeknipst hatte, Judiths Gesichtsausdruck sah, hob sie zögernd ihre Decke. Ich hab wirklich nur Wasser ausgeschüttet, das letzte Mal, beteuerte Salome, rückte dankbar an die Wand und schlief sofort ein.

Am Tag darauf saßen sie hinten im Gebüsch und warfen den Spaziergängern draußen Kiesel vor die Füße, als Salome, verschmiert von ihren Wasserfarben, angekrochen kam. Verschwinde, zischte Judith, doch Salome wandte sich an Xane und sagte: Deine Mutter sitzt vorn beim Papa und weint. Xane sprang auf, und sie konnte sie gerade noch am Bein festhalten und ihr ein Lutschbonbon hinstrecken.

Sie fanden die Erwachsenen am Gartentisch. Die beiden sahen aus wie primitiv bewegte Roboter, Xanes Mutter bebte, rotnasig, von Taschentüchern umgeben, die sie abwechselnd knetete, Heinz saß steif, die Hände auf den Knien, nur den Kopf schüttelte er, hin und her, hin und her. Und die Mädchen hatten den Geschmack von Ricola Schweizer Hustenzuckerln auf der Zunge, das würde Judith noch viele Jahre später wissen.

Als Frau Molin Xane sah, sprang sie auf, kam ihr entgegen und umarmte sie. Heinz ging zögernd auf seine Töchter zu, bis er mit der Hand Judiths Schulter erreichte und sich dort irgendwie festhielt. Salome griff nach Judiths Hand. Ihr Haus, die Villa, die unverbesserliche Ruine, stand da, prächtig, bröckelnd, die Sonne schien, und es war immer noch Sommer.

Die Mama lag im gelben Salon zu Bett und summte vermutlich ›La Traviata‹.

Judith hatte ihr Zuckerl in die Backe geschoben, wo es klebrig schmolz. Sie sah, dass Xanes Mutter zitterte. Später saßen sie in der Küche, und sogar die Mama schlüpfte irgendwann herein wie ein erschrockenes Gespenst, alarmiert vom richtigen Leben. Xanes Mutter schien den schäbigen Bademantel gar nicht zu bemerken. Und dann haben sie die Geschichte erfahren, mehrmals hintereinander, in kaum variierten Schleifen, eine sehr kurze, rätselhafte Geschichte, sie handelte von Claudia, die in der Nacht Kopfschmerzen bekam, schreckliche, unerträgliche Kopfschmerzen, und Lizzie hat nichts Besseres gewusst, als in die Nachtapotheke zu rennen, denn was soll das schon sein, Kopfschmerzen, wenn sie Fieber gehabt hätte oder Krämpfe, aber es waren ja nur Kopfschmerzen. Lizzie hat warten müssen, nicht lange, nur ein anderer vor ihr mit seinem Rezept, sie kaufte eine große Packung Aspirin, und als sie nach Hause kam, waren keine zehn Minuten vergangen, aber Claudia hat da schon nicht mehr gelebt.

Xane wurde entführt, zurück in die Stadt, und Judith blieb allein. Wie zur Bestätigung kippte der übertriebene Sommer ein paar Tage später in einen zu frühen Herbst. Salome und Judith halfen ihrem Vater beim Rasenmähen, frästen ungeschickt einen Hauch von sinnloser, verspäteter Ordnung in den Urwald.

Heinz war mit der Sauna fertig geworden, und

die Mama klatschte vor Begeisterung in die Hände. Sie malte sich aus, wie sie sich im Winter dort aufheizen würde, so sehr, dass sie sich nachher nackt im Schnee wälzen könnte. Von dieser exaltierten Ankündigung abgesehen, änderte sich nicht viel. Sie blieb tagsüber in ihrem Zimmer, sie ging manchmal nachts spazieren, und Judith lernte, die Waschmaschine zu bedienen. Einmal fuhren Salome und sie mit dem Bus in die Stadt, um die Sachen für den Schulanfang zu besorgen.

Am Telefon erzählte Xane, dass sie und ihre Mutter viel Zeit unten bei Lizzie Denneberg verbrachten. Dass die Großeltern aus Tirol gekommen seien und im Wohnzimmer Rosenkränze beteten.

Damit möglichst viele Schüler teilnehmen konnten, wurde Claudia erst am Nachmittag des ersten Schultags begraben.

Heinz weckte Judith im Morgengrauen und sagte ihr, dass er die Mama ins Spital bringen müsse. Irgendetwas musste in der Nacht passiert sein, aber diesmal hatte sie nichts gehört. Sie trat ans Fenster und sah ihnen nach.

Heinz führte Mama am Arm durch den Garten zum Auto, sie ging langsam, als wäre sie alt, der Hund lief neben ihr her und sprang immer wieder an ihr hoch, aber sie reagierte nicht.

In der Küche stand eine halbe Tasse Kaffee, Judith trank sie aus. Der Geschmack war fremd und fürchterlich. Aus dem Kasten ihrer Mutter holte sie ein schwarzes Kleid mit Spitzeneinsätzen und schwingendem Rock. Sie nahm ein lila Seidentuch und band es sich wie einen Turban um den Kopf, die Haare fast ganz darunter verborgen. Nur oben ließ sie ein Büschel herausschauen, wie eine Flamme. Salome lachte. Du schaust aus wie eine Opernsängerin, sagte sie.

Bevor sie gingen, holte Judith sich Papas alten Trenchcoat, auf den hatte sie es schon lange abgesehen. Sie verzierte ihn mit zwei Stickern – *No future* und *Atomkraft, nein danke* –, dann war sie bereit für den Tag.

Hoffentlich sind wir früher zurück als die Eltern, sagte Salome zweifelnd, und Judith sagte: Aber sicher, Baby.

Judith suchte eine Weile, bis sie das richtige Klassenzimmer fand. Vor der Tür stand Xane und sah aus, als traute sie sich nicht hinein. Sie roch geföhnt und nach Vanilleshampoo, das Vertretbarste waren ihre schmutzigen Tennisschuhe. Ein Mädchen mit kurzen pinken Haaren und einem Nasenring kam auf sie zu; so etwas war in ihrer alten Schule einfach undenkbar.

Hast du Feuer, fragte das Mädchen Judith. Durch Xane sah sie hindurch.

Zu spät, Pinkie, sagte Judith und deutete nach hinten, wo eine Lehrerin den Gang entlangkam. Sie blinzelte dem Mädchen zu wie einer alten Bekannten und ging mit ihr zusammen hinein.

Sie waren nur zu zwölft, und alle verstreuten sich wie im Kaffeehaus, mit möglichst viel Abstand zueinander. Das pinke Mädchen setzte sich an Judiths Seite, so bildeten sie mit Xane schon fast eine Gruppe. Die Lehrerin schwang sich vorne auf ihren Tisch, schlug die Beine übereinander und stach mit dem Finger durch die Luft in Richtung eines verschlafenen Burschen, der aussah wie zwanzig: Smutny, in die letzte Reihe, wie immer, und wenn du nur ein einziges Wort sagst, fliegst du raus und bleibst bis Weihnachten draußen.

Smutny stand langsam auf, wie ein zugedröhnter Bär, und ging nach hinten. Seine Tasche schleifte er am Träger nach. Er tat Judith beinahe leid, er wirkte nicht gefährlich, eher behindert. Die Lehrerin sah aus wie eine Kassierin im Supermarkt, scharfe Nase, blondiert, Krähenfüße. Sie kramte in ihrer Tasche, sah auf einen Zettel, sah Judith und Xane an und fragte: Molin, Baer? Wer ist wer? Sagt man Mólin oder Molín?

Molín, sagte Xane ein bisschen zu schrill, das bin

ich. Und du heißt wirklich Roxane? Na, dein Problem. Einige lachten. Judith verzog verächtlich den Mund, das konnte man so oder so deuten.

Mit den anderen macht ihr euch sicher selbst bekannt. Mein Name ist Frenkel, und ich habe das Unglück, der Klassenvorstand dieses traurigen Haufens zu sein.

In diesem Stil ging es weiter. Judith amüsierte sich. Hier ließ es sich gut aushalten. Hier würde sich Xane ein wenig umstellen müssen, fern von der mächtigen Fausch, deren ruppig behandelter Liebling sie gewesen war. Diese Frenkel sah nicht so aus, als ob Lateingenies ihr Eindruck machten.

Nach einer knappen Stunde war die Sache vorbei. Sie bekamen einen Stundenplan und waren entlassen. Draußen am Gang öffnete die Frenkel ein Fenster, zog eine Zigarette heraus und schnippte mit dem Finger nach der Pinken. Die zuckte mit den Schultern und zeigte auf Judith. Judith gab der Lehrerin Feuer. Sie hätte zu gern selbst eine geraucht.

Ein Jahr noch, ungefähr, fragte Frau Frenkel kumpelhaft, ich geh gleich, und dann seh ich nichts mehr. Als Judith sich grinsend zu Xane umdrehte, schwang ihr tollkühnes Kleid unter dem Mantel. Doch Xane war schon weit weg, auf der Flucht in Richtung Treppenhaus.

Judith verbrachte den Vormittag mit der Nasenring-Person, die Doris hieß, aber Dodo genannt werden wollte. Sie war die Stieftochter eines bekannten Theaterregisseurs und hielt sich für bisexuell. Die Haarfarbe und das Piercing gehörten zu der verzweifelten, aber wirksamen Verkleidung, die die meisten unerwünschten Personen (Erwachsene, uncoole Kinder) auf Abstand hielt; in Wahrheit war sie ein unsicheres Hühnchen, das vorsichtshalber jedem erst einmal ins Gesicht sprang. Judith hatte das nach drei Minuten durchschaut; nach vier Minuten fraß Dodo ihr aus der Hand. Als sie hörte, dass Judith in den Prater musste, wollte sie mit. Dodo hatte Geld; sie hatte massenhaft Zigaretten, und sie fuhr furchtbar gern Autodrom. Beinahe hätten sie die Zeit übersehen. Dodo folgte Judith bis zur Straßenbahn, und Judith sah keinen vernünftigen Grund, sie nicht zum Friedhof mitzunehmen, als sie darum bat. Nun würde sie ihre Sticker nicht abnehmen können, aber das war egal, die Fausch ging das sowieso nichts mehr an.

Auf der langen Fahrt unterhielten sie sich über dies und das. Dodo behauptete, sie könne über ihren Stiefbruder exquisiten Shit besorgen. Mach dir keine Mühe, sagte Judith, obwohl das eine großartige Nachricht war.

Über Claudia, zur Erklärung, sagte Judith düster: Sie war meine beste Freundin.

Dodo fragte erleichtert, nicht der dünne Mod, wie heißt sie, Molin?

Ach, die kleine Spießerin, seufzte Judith und sah aus dem Fenster, und Dodo kicherte und sagte: Ja, so was sieht man immer gleich.

An Claudias Grab stand der Schulchor der Unterstufe, lauter Kinder zwischen elf und vierzehn, teils verstört, teils umso lachlustiger, manchmal beides zugleich. Nicht alle waren angemessen gekleidet, das war das Problem, wenn so etwas mitten in den Ferien geschah. Die Nachricht erreichte nie alle.

Xane hatte sich zum Chor gestellt, oder sich hinter dem Chor versteckt, Judith sah nur einen Zipfel ihres Parkas. Xanes Eltern standen vorne, bei Lizzie. Judith blieb hinten.

Der Chor sang *Tauet Himmel, den Gerechten*, was nicht passte, aber das einzige Kirchenlied im Repertoire war.

Die Musik, egal welche, war bei einem Begräbnis die Hauptsache. Das Gerede machte nichts besser, aber das schöne Lied war der Moment, noch einmal fest an Claudia zu denken.

Dass sie da vorne in der Holzkiste liegen sollte, die ganze Claudia mit ihrem Schweinsnäschen und den blonden Haaren, die sie ihr bestimmt noch einmal gewaschen hatten, konnte einem Platzangst machen. Es war unvorstellbar. Sie konnten sie nicht im Ernst da hineingelegt haben; Claudia hat nämlich Angst vor der Dunkelheit. Sie hat deshalb eine Nachtlampe, mit Maikäfern, total kindisch. Zu den Skikursen und Landschulwochen bringt sie einen Smiley mit, den man direkt in die Steckdose steckt.

Notlicht, kaum Stromverbrauch. Wenn man es aussteckt oder zum Spaß mit der Hand abdeckt, weint sie, ganz leise und hoffnungslos, so wie sie eben weint. Sie mag Blumen und Tiere. Sie hat im März Geburtstag, sie ist Fisch, Aszendent Steinbock. Ihre Lieblingsfarbe ist, Judith schloss die Augen und dachte nach, ihre Lieblingsfarbe war bis vor einem Jahr Grün, aber seither, sie hörte Claudias Stimme mit dem affigen Satz: Seither mag ich alle Kombinationen von Weiß und Orange am liebsten.

Ich möchte Biologie studieren. Ich würde später gerne in einem Nationalpark arbeiten, nicht im Zoo, Zoos sind schrecklich für die Tiere. Schau, Judith, ich hab den Engel aus Goldpapier fertig, aber ich krieg ihn einfach nicht auf die Laterne drauf. Ich vermisse euch und die Stadt und das richtige Leben, hier ist es schon schön, aber auch ein bisschen fad. Mein Opa bringt mir das Ziegenmelken bei. Gestern war ich mit der Oma in den Schwammerln. Ich wünsch mir zu Weihnachten eine Getreidemühle. Xane, was heißt ›pernicies‹? Judith, hast du noch türkise Wolle? Könnt ihr runterkommen und mir die Mathehausübung erklären?

Denn erfüllet ist die Zeit, machet euer Herz bereit.

Nach dem Lied löste sich die Ordnung auf, und alles ging durcheinander. Dann formierten sich die Menschen zum Dreieck, dessen Spitze zur Trauerwarteschlange ausdünnte. Langsam vorrücken, irgendetwas draufwerfen auf Claudia, Blumen oder Erde. Das Geräusch der Erde auf dem Sarg musste von innen entsetzlich klingen.

Xane wartete mit einem Strauß heller Rosen hinter den Chorkindern. Judith scherte aus, machte einen großen Bogen um die Trauergesellschaft und drängte sich neben sie. Sie zupfte sie am Ärmel und streckte ihr eins der beiden braunen Papiersackerln hin, die sie im Prater besorgt hatte.

Es raschelte. Xane sah sie verständnislos an. Da riss Judith das Papier einfach auf, und zum Vorschein kamen die beiden dicken Bälle Zuckerwatte, rosa Zuckerwatte, die gar keine Ähnlichkeit mit Judiths Haarfarbe hatte, sondern eigentlich den

Ton von Dodos Igelfrisur. Judith streckte Xane einen der Holzstiele entgegen, doch Xane hatte die Hände voll mit ihren Rosen. Judith verstand, nickte, schaute sich um, da war Dodo hinter ihr und nahm Xane die Blumen ab.

Dann stehen sie noch einmal nebeneinander, Judith und Xane, die schrille Dodo hält sich im Hintergrund. Sie zupfen beide an ihrer Zuckerwatte herum, durch den Transport sind die flauschigen Spindeln ein bisschen flachgedrückt worden. Xane und Judith streicheln ihre Zuckerwatte, sie frisieren sie zurecht und rücken gemeinsam vor, bis sie am offenen Grab stehen. Da unten ist Claudia. Oben sind Xane und sie, zum letzten Mal zu dritt. Judith in Papas Mantel, dazu der lila Turban und die Sticker, *no future*, nein, für Claudia nicht mehr.

Judith zählt leise vor, und auf drei werfen sie die rosa Bälle hinunter. Das macht kein Geräusch, nur ein leises Knirschen der Zuckerfäden, Claudia wird es nicht hören, sie wird davon nicht erschrecken, und selbst wenn die Farbe nicht stimmt, schirmt sie der Zucker ein wenig ab von der hinterherfliegenden Erde. Sie bleiben noch einen Moment, dann treten sie zur Seite.

Am Ausgang stehen Xanes Eltern mit der Fausch zusammen. Xanes Mutter hat rote Augen. Der Gesichtsausdruck der Fausch, als sie Judith die Hand gibt. Xane ist wieder hinter ihr.

Hat es dir dort gefallen, Xane, im Leopoldeum, fragt die Fausch. Sie fragt im Singular. Und zum ersten Mal nennt sie eine Schülerin beim Vornamen, wahrscheinlich weil die Eltern danebenstehen. Da kann man schlecht ›Molin‹ schnauzen wie sonst. Eigentlich typisch, dass sie alle Vornamen gekannt hat, auch die gebräuchlichen Abkürzungen, sie hat immer alles gewusst und sich einen Spaß daraus gemacht, es zu verbergen.

Xane antwortet nicht gleich, wahrscheinlich heult sie noch immer. Sie ist schwach, und deshalb wird alles so werden, wie es am besten für sie ist. Sie ist wieder ein kleines Kind mit Vanilleshampoo, kein Teenager mit überstürzten, aber umso heftiger vorgebrachten Entscheidungen, dem die Erwachsenen schon wegen seiner schieren Körpergröße willfahren. Dann schüttelt Xane heftig den Kopf, mit niedergeschlagenen Augen, und wehrt sich nicht, als ihre Mutter ihr den Arm um die Schultern legt.

Judith nickt den Molins zu, hebt grüßend die Hand und geht. Hinter ihr schlurft Dodo, Judith wendet sich im Gehen halb zu ihr um und macht die Gebärde für Rauchen. Obwohl sie noch viel zu nahe sind.

Errare humanum est, hört sie hinter sich die

Fausch mit ihrer ironischen Schulstimme sagen, komm morgen wieder zu uns zurück, und wir vergessen das Ganze.

Judith geht mit hocherhobenem Kopf in Richtung Straßenbahn. Sie raucht, Kleid und Mantel wogen um ihre Beine, und sie erregt Aufmerksamkeit, damit und mit der verrückten Nudel an ihrer Seite. Und das sind jetzt eben die neuen Verhältnisse, getrennte Wege, das Ende der Kindheit.

PATRICIA HIGHSMITH

Stille Nacht

Hattie zog am Kettchen der Leselampe, schob sich die Bettdecke bis unter das Kinn und wartete ruhig ab, bis Alices Schniefen und Husten verstummte.

»Alice«, flüsterte sie.

Keine Reaktion. Sie war tatsächlich schon eingeschlafen, obwohl sie immer behauptete, kein Auge zu schließen, bevor es elf Uhr schlug.

Hattie rutschte vorsichtig zur Bettkante und streckte behutsam einen weißbestrumpften Fuß vor. Sie drehte sich um und warf einen Blick auf Alice, von der nichts als die spitze Nase sichtbar war, die zwischen den Rüschen ihrer Nachthaube und dem bis über den Mund gezogenen Laken hervorlugte. Sie bewegte sich nicht.

Hattie erhob sich leise; vor Erregung atmete sie in kurzen Stößen. Im Halbdunkel erkannte sie die zwei Gebisse in ihren Wassergläsern auf dem Nachttisch. Sie kicherte nervös.

Wie ein weißes Gespenst schlich sie durch das

Zimmer, vorbei an dem viktorianischen Polstersofa. Am Nähtisch blieb sie stehen; sie klappte die Platte hoch und tastete zwischen Garnspulen und Schnittmustern, bis sie das kalte Metall der Schere berührte. Die Schere fest in der Hand haltend, durchquerte sie das Zimmer erneut. Am Abend hatte sie die Tür des Wandschranks angelehnt, so dass sie sie jetzt geräuschlos öffnen konnte. Mit zitternder Hand langte Hattie in die Schwärze, ertastete die zwei steifen Wollmäntel, ein paar Kleider. Schließlich berührte sie in Wandnähe etwas Flauschiges. Sie musste kichern, als sie den Kleiderbügel herausholte, und die Schere glitt ihr aus der Hand. Lautes Klirren, gefolgt von halbunterdrücktem Gelächter. Hattie spähte um die Schranktür herum zu der reglosen Alice im Bett. Alice war ziemlich schwerhörig.

Mit steif nach oben gespreizten weißen Zehen stapfte Hattie zu dem Sessel am Fenster, auf den ein Streifen Mondlicht fiel, und setzte sich mit Schere und Angorastrickjacke auf dem Schoß. Zahnlos und dämonisch schimmerte ihr Gesicht im Mondlicht. Sie betrachtete die Strickjacke mit der Miene eines Menschen, der mit der Gabel ein Stück Fleisch auf dem Teller hin und her schiebt, bevor er das Messer ansetzt.

Es war wirklich eine wunderschöne Strickjacke. Alice hatte sie letzte Woche von ihrer Nichte geschickt bekommen. Ein Geburtstagsgeschenk; einen solchen Luxus hätte sich Alice niemals gegönnt. Sie war glücklich wie ein Kind und hatte die Jacke seither jeden Tag zu ihren Kleidern getragen.

Die Schere schnitt leise knisternd die weiche Wolle der Ärmel zwischen Bündchen und Schulter entzwei. Hattie besah sich ihr Werk. Einen Schnitt noch. Natürlich am Rücken. Aber nicht zu lang, damit er nicht auf Anhieb zu erkennen war.

Sekunden später hatte sie die Schere in den Nähtisch zurückgelegt, die Strickjacke in den Wandschrank gehängt und lag wieder im Bett. Sie stieß einen tiefen Seufzer aus. Sie dachte an die aufgeschnittenen Ärmel, an das Gesicht, das Alice am Morgen machen würde. Die Strickjacke war unrettbar zerstört und Hattie ausgesprochen zufrieden.

Um halb neun weckte sie das Zimmermädchen. Das immer gleiche Ritual: ein dreimaliges knochiges Klopfen an die Tür, begleitet von der lauten und leicht unverschämten Ankündigung: »Halb neun! Frühstück ist fertig!« Daraufhin rüttelte Hattie, die immer als Erste erwachte, Alice an der Schulter.

Mechanisch setzten beide sich im Bett auf und

streiften sich das Nachthemd über den Kopf, wobei saubere weiße Unterwäsche zum Vorschein kam. Beide schwiegen. Die fünf Jahre des Zusammenlebens hatten den Austausch zwischen ihnen auf das absolut Notwendigste eingedampft.

Doch an diesem Morgen musste Hattie an die Strickjacke denken. Ihr war mulmig zumute, aber ihr fiel nichts ein, was sie hätte sagen oder tun können, um die Anspannung zu verringern. Eine viertel Stunde verbrachte sie mit ihrer Frisur. Hatties Zopf, den sie jeden Abend flocht, war einen halben Meter lang, und zweimal täglich löste sie das Haar für die hundert Bürstenstriche. Eitel war sie nur in Bezug auf ihr Haar. Fertig angezogen stand sie verlegen da und tat so, als wäre sie mit ihren Druckknöpfen beschäftigt.

Alice schien sich am Waschbecken ewig Zeit zu lassen, während sie mit ihrer Lösung aus Salz und lauwarmem Wasser gurgelte. Obwohl Hatties Flasche mit rotem Mundwasser verführerisch auf der Glasplatte stand, hielt sie sich störrisch an das morgendliche Ritual mit Salz und Wasser.

»Worüber kicherst du jetzt schon wieder?« Alice wandte sich vom Becken um, ein leises Lächeln auf dem feuchten Gesicht. Hattie schwieg betreten, sah das Gebiss im Glas an und kicherte erneut.

»Hier, dein Gebiss.« Linkisch reichte sie Alice

das Glas. »Ich dachte schon, du würdest ohne zum Frühstück gehen.«

»Aber Hattie, mein Gebiss habe ich doch noch nie vergessen.«

Alice lächelte unwillkürlich. Es würde ein schöner Tag werden, dachte sie. Mrs. Crumm und ihre Schwester waren von einem Wochenendausflug zurück, und nachmittags konnten sie miteinander Rommé spielen. Sie ging in Strümpfen zu dem Wandschrank, ein geistesabwesendes Lächeln in den Mundwinkeln.

Hattie sah zu, wie sie das mattblaue Kleid herausholte, das am besten zu der beigefarbenen Angorawolle passte. Sie machte die kleinen Knöpfe vorne am Kleid einen nach dem anderen zu. Sie nahm die Strickjacke von ihrem Kleiderbügel und fuhr mit einem Arm in den Ärmel.

»Oh!«, entfuhr es ihr wie ein Stöhnen. Dann verzog sie das Gesicht und blinzelte mit den Augen wie ein Kind, das in Tränen ausbricht. Die Tränen liefen ihr die Wangen herab. »H-Hattie …« Sie sah sie an, brachte aber kein Wort heraus.

Hattie grinste unbehaglich, obwohl sie die Szene ausgiebig genoss. »Nein, so was!«, rief sie. »Wer stellt denn so etwas an?« Sie setzte sich auf die Bettkante und krümmte sich vor Lachen.

»Hattie … Hattie, das warst du«, erklärte Alice

mit zitternder Stimme. Sie hielt die Strickjacke an sich gedrückt. »Hattie ... wie gemein du bist!«

Hattie hatte sich auf das Bett fallen lassen und lachte hemmungslos. »Aber Alice, du weißt doch, dass ich keine Ahnung ... ha, ha ... Wie kommst du bloß auf die Idee ...« Vor Lachen konnte sie nicht weitersprechen.

Sie musste ein paar Minuten liegen bleiben, bis sie sich so weit beruhigt hatte, dass sie zum Frühstück hinuntergehen konnte. Und als sie das Zimmer verließ, saß Alice in dem Sessel am Fenster und schluchzte, das Gesicht in die Angorastrickjacke gedrückt.

Alice kam erst nach unten, als sie zum Mittagessen gerufen wurde. Bei Tisch plauderte sie mit Mrs. Crumm und deren Schwester, ohne Hattie eines Blickes zu würdigen. Hattie saß Alice gegenüber; sie war schweigsam und unruhig, aber kein bisschen zerknirscht. Alice hätte sie tagelang wie Luft behandeln können, ohne damit die leisesten Gewissensbisse in ihr zu wecken.

Es war ein herrlicher Tag. Nach dem Mittagessen gingen sie mit Mrs. Crumm, ihrer Schwester und Mrs. Holland, die das Hotel leitete, in den Gramercy Park.

Alice tat so, als sei sie in ihr Buch vertieft. Es war

ein Kriminalroman, den sie sich in der Leihbücherei des Hotels ausgeliehen hatte. Mrs. Crumm und ihre Schwester bestritten das Gespräch fast ausschließlich. Ein Wochenendausflug war bedeutsam genug, um Gesprächsstoff für mehrere Nachmittage zu liefern, und Mrs. Crumm war in der Lage, jede einzelne Speise, die sie im Verlauf mehrerer Tage zu sich genommen hatte, aufzuzählen.

Der monotone Singsang der Stimmen und das warme Sonnenlicht lullten Alice in einen Halbschlaf. Die Buchstaben verschwammen ihr vor den Augen.

Ein paar Stunden früher hatte sie sich vorgenommen, Hattie gegenüber entschieden aufzutreten. Sie konnte kühl und arrogant sein, feindselig sogar. Hattie hatte sich nicht zum ersten Mal eine Ungeheuerlichkeit erlaubt. Sie dachte an den Tintenfleck auf ihrer Spitzentischdecke vor vier Monaten und an den verschwundenen Saffianlederband mit Tennyson-Gedichten. Ganz sicher hatte Hattie ihn irgendwo versteckt. Und heute Abend würde sie ganz ruhig ihre Sachen packen, knappe, aber sorgfältig gewählte Abschiedsworte für Hattie schreiben und das Hotel verlassen. Sie konnte in ein anderes Hotel in der Nachbarschaft ziehen, über Mrs. Crumm ihre neue Adresse ausrichten lassen und mit Genugtuung erleben, dass Hattie kam und um Verzeihung bat. Der Haken an der Sache war nur, dass sie gar nicht mit Sicherheit annehmen konnte, dass Hattie kommen würde, und diese unangenehme Möglichkeit, vereint mit ihrer charakteristischen Antriebsarmut, hinderte sie daran, einen so drastischen Weg einzuschlagen … Was wäre, wenn sie ihr restliches Leben allein verbringen müsste? … Es war einfach bequemer, dort zu bleiben, wo sie war, nachmittags eine nette Partie Rommé zu spielen und Eis und Plätzchen zu essen und es Hattie in kleinen Bosheiten heimzuzahlen. Außerdem, so versuchte sie sich zu trösten, war es entschieden damenhafter. Weiter dachte sie nicht; sie malte sich keine spezifische Situation aus, in der sie etwas sagte oder tat, um Hattie zu verletzen. Die Möglichkeiten würden sich von allein ergeben.

Mrs. Holland stieß sie mit dem Ellbogen an. »Wir gehen jetzt Eis essen. Und danach spielen wir ein bisschen Rommé.«

»Mein Buch war gerade so spannend.« Aber sie erhob sich mit den anderen und war auf dem Weg zum Drugstore kaum weniger gutgelaunt als sie.

Obendrein gewann sie beim Rommé, und das genoss sie. Hattie, die sie den ganzen Tag besorgt beäugt hatte, war sehr erleichtert, als Alice sich wieder dazu herbeiließ, das Wort an sie zu richten.

Dennoch ging Alice die zerstörte Strickjacke nicht aus dem Sinn; sie fand es ungerecht, und das wurmte sie. Sie schämte sich richtiggehend, dass sie die Sache so offenkundig auf die leichte Schulter nehmen konnte. Das musste Hattie dazu ermutigen, ihr Mütchen an ihr zu kühlen. Sie wünschte, sie wäre zu echten Hassgefühlen fähig.

Um neun Uhr abends saßen sie in ihrem Zimmer und lasen. Jede Spur von Befangenheit oder vorgeblicher Zerknirschung bei Hattie war verschwunden.

»War das nicht ein netter Tag?«, wagte sie sich vor.

»Hmm.« Alice hob den Kopf nicht.

»Na ja«, erfolgte die unvermeidliche Bemerkung samt unvermeidlichem Gähnen, »ich glaube, ich gehe jetzt ins Bett.«

Und kurz darauf saßen beide im Bett, vier Kissen im Rücken, und lasen – Hattie die Zeitung, Alice ihren Kriminalroman. Eine Zeitlang herrschte Schweigen, dann ordnete Hattie ihre Kissen und legte sich hin.

»Gute Nacht, Alice.«

»Gute Nacht.«

Bald löschte auch Alice das Licht, und im Raum kehrte völlige Stille ein, die nur das leise Ticken der Uhr und hin und wieder das Summen eines Automobils unterbrach. Die Uhr auf dem Kaminsims surrte und schlug dann zehn.

Alice lag mit offenen Augen im Bett. Den ganzen Tag hatte sie die Tränen zurückgehalten; jetzt begann sie unwillkürlich zu weinen. Sie wischte sich die Nase am Laken ab. Aber es waren keine kindischen Tränen.

Sie stützte sich auf einen Ellbogen. Der dunkle Zopf hob Hatties Hals und Schultern vom weißen Bettzeug ab. Sie fühlte sich sehr stark, so stark, als könnte sie Hattie mit bloßen Händen erwürgen. Doch der Gedanke an einen Mord verschwand so schnell, wie er sich eingestellt hatte. Ihre Rache musste etwas Dauerhaftes sein, etwas Schmerzliches, etwas, was Hattie zu ertragen hatte und woran sie, Alice, sich weiden konnte.

Dann kam ihr der Einfall, und schon war sie aus dem Bett gesprungen, trat kühn an den Nähtisch, genau wie Hattie vierundzwanzig Stunden früher … und sie stand am Bett, beugte sich über Hattie, spähte mit kurzsichtigen Augen durch ihre Tränen in Hatties friedliches, unschuldiges Gesicht. Zwei Schnitte, und der Zopf wäre am Haaransatz abgeschnitten.

Doch plötzlich verließ die Kraft ihre Finger; kaum dass sie noch die Schere halten konnten, geschweige denn einen Zopf durchtrennen.

Sie hielt sich am Nachttisch fest ... Hattie, liebe Hattie ... Hattie meinte es nicht böse. Hattie war nur übermütig. Sie legte die Schere auf den Nachttisch und schluchzte laut auf.

Hattie gähnte und blinzelte.

»Ich ... ich wollte gerade ein Glas Wasser holen«, sagte Alice. Sie ging zum Waschbecken.

Hattie gähnte und brummte etwas.

»Willst du auch einen Schluck?«

»Ja, warum nicht?«, murmelte Hattie.

Sie brachte ihr ein halbvolles Glas, und Hattie nahm es wortlos entgegen, wie ein Kind. Alice tastete sich am Bett entlang zurück und stieg hinein. Sie lag da und starrte mit wunden, tränengeröteten Augen zur Decke, und nach einer Weile hörte sie, wie Hattie das Glas auf dem Nachttisch absetzte.

JULIA FRANCK

Mir nichts, dir nichts

Es klingelt zweimal kurz hintereinander. Vielleicht ist es der Postbote oder die Müllabfuhr, ich drehe den Wasserhahn zu, gehe zum Fenster und schaue hinunter auf die Straße, weit und breit kein Müllwagen und auch kein Briefträger zu sehen, es klingelt wieder, meine Haare sind in Unordnung, ich ziehe ein Hemd über den Kopf, noch hatte ich keine Zeit zu duschen, mir die Nacht vom Körper zu waschen, schon höre ich ein Klopfen, streife den Rock über, der auf dem Küchenboden liegen geblieben ist, es wird Paul sein, der zurückkommt, weil er etwas vergessen hat, sein Feuerzeug oder ein Kleidungsstück, vielleicht ist ihm auf der Straße eingefallen, dass er mich wiedersehen muss, sofort, dass er meine Lippen vermisst und meine Hände, das Klopfen an der Tür wird dringend, vielleicht umfängt ihn noch mein Geruch wie seiner mich, erträgt er den Anblick der vielen fremden Menschen in der U-Bahn nicht, die Vorstellung, dass in seinem Büro nur die tägliche Post wartet, und er hat es sich anders überlegt, möchte den ganzen Tag mit mir zusammen sein. Ich reiße die Tür auf.

Draußen steht Emily, eine Plastiktüte in der einen Hand, eine Zigarette in der anderen.

»Hallo, ich hoffe, ich stör dich nicht?«

»Hast du …?« Um ein Haar hätte ich gefragt, ob sie Paul noch auf der Straße getroffen hat, aber ich beiße mir auf die Zunge, weil ich weiß, dass Emily hier nicht stünde, wenn sie ihm begegnet wäre. Sie tritt von einem Bein aufs andere, die Hand mit der Zigarette hält sie gekrümmt, als müsse sie die Glut vor einem Sturm in meinem Treppenhaus schützen.

»Hab ich was?« Fragend schaut sie mich an.

»Hast du geweint?« Ich zögere, Emily in den Arm zu nehmen.

»Paul war die ganze Nacht nicht zu Hause«, ihre Stimme ist leise, »ich hab vor seiner Tür gewartet, aber er ist nicht gekommen.« Emily schluckt, sie drückt die Zigarette an der Wand des Treppenflurs aus, sie hat keine Zeit, mein Zögern zu bemerken, stürzt auf mich zu, schluchzt und klammert sich an mich, und ich weiß nicht, wie fest ich sie halten soll. Sie zerrt an mir, zerrt an meinem Hemd, ich streiche ihr durch die kurzen, klebrigen Haare, das Hemd rutscht mir von der Schulter, ihre Haare kitzeln, die Wange drückt sich an meine nackte

Schulter, der Rauch kriecht zu mir, ihr Schluchzen wird leise, immer leiser, so leise, dass ich es nur noch unter meinen Händen fühlen kann, ich spüre ihre Tränen über meine Brust rinnen. Paul hat mich dort geküsst, er hat mich gestreichelt, und seine Lippen haben mit meiner Haut geflüstert. Wir hatten Emily vergessen. Emily würde ihn riechen können, sie würde ihn riechen müssen, seine Spuren an mir entdecken, ihnen folgen, Kuss um Kuss, seine Gegenwart auf meiner Haut wittern. Emily drückt mir ihr Gesicht an den Hals, ich spüre ihren Atem, ein Schnüffeln, ein Schniefen, und sie legt meine Haare zur Seite, wendet sie, wie man einen Stein wendet, unter dem sich ein Nest von Asseln und Würmern befindet, und während die Asseln zu neuen Verstecken krabbeln, mit feinen Beinchen ihren noch frischen oder schon rauhen Panzer in Sicherheit bringen, dem plötzlichen Lichteinfall entfliehen, krümmen sich die Würmer ohne Richtung, winden ihre nackten, lichtempfindlichen Körper, stoßen mit Kopf und Schwanz zugleich in die Erde. Emilys Atem steht, ich drücke sie an mich, damit sie das Atmen nicht vergisst, sie wird Paul unter meinen Haaren riechen, seine Nacktheit, seine Lust – ein Verlangen, das vor wenigen Wochen noch ihr galt, vielleicht, sie wird ahnen, wie wir uns gewunden haben, wie unsere Körper sich ineinanderbissen, wie Paul sein Gesicht in meine Haare presste, ich meine Beine um seinen Körper schlang, es wird ihr Ekel bereiten – wie der Blick unter einen von der Sonne gewärmten Stein, und ich müsste ihren Ekel ertragen, zuerst, und später ihr Weinen. Emily reibt ihren Kopf an meinem Hals. Ihr Haargel duftet nach Zitrone, es schmiert an mir mit jeder Berührung, am Hals, an meiner Schulter, meinen Haaren – meine Hände sind fettig davon, Emily schüttelt sich, ich spüre ihren Schmerz unter meinen Händen. Aber sie sagt nichts. Und ich beruhige mich, denke mir, dass ihre Nase geschwollen sein wird, dass sie Paul an mir nicht riechen und erst recht nichts wissen kann.

Ich schließe die Tür hinter Emily, mein Blick fällt auf die Schuhe, die am Boden liegen, zwischen denen sich bis eben noch seine befanden. Mit den Augen suche ich den Raum ab – eine Sonnenbrille, ein Feuerzeug, ein Gegenstand, der mir nicht auffällt, aber ihr –, ob es die Spur seiner Anwesenheit gibt. Wir gehen an der Tür zum Schlafzimmer vorbei, und meine Hand macht eine unbestimmte Bewegung. Emily fasst meine Hand, ihre Haut klebt an meiner, und sie drückt ihre knochigen kleinen Finger zu, als wolle sie sich meiner versichern, doch meine Hand bleibt reglos in ihrer. Ich gehe Emily voraus in das große Zimmer. Auf dem Tisch steht die Teekanne und daneben eine Tasse, die noch lauwarm sein muss. Ich versuche die zweite Tasse zu entdecken, seine, oder meine, die einer von uns benutzt und irgendwo abgestellt haben wird. Sie steht auf dem Boden neben dem Teppich, und unweit davon liegt ein roter Schnipsel. Es dauert eine Sekunde, bis ich weiß, dass er von der Kondomverpackung stammt. Ich mache einen großen Schritt zur Seite, stelle meinen nackten Fuß auf den Schnipsel und drehe mich zu Emily um. Sie wirft gerade einen Blick in ihre Plastiktüte, vielleicht sucht sie ein Taschentuch, findet aber nichts und legt die Tüte auf den Tisch.

»Du hast deine Tanzschuhe hier vergessen.« Ich zeige auf den Beutel, den ich an die Klinke der Zimmertür gehängt habe.

»Nicht so schlimm, ich hab noch welche an der Oper.« Emily lässt sich in den Sessel fallen, sie stützt das Gesicht in die Hände. Sie hört mit dem Weinen nicht auf. Ich bücke mich, der Schnipsel klebt an meiner Fußsohle, ich ziehe ihn ab und hebe ihn zusammen mit der Tasse auf, ich mache, dass ich an Emily vorbeikomme, die noch immer nicht aufschaut, eine Hand krallt sich an meinem Rock fest, ihre kleine knochige Hand, der Rock rutscht, wenn sie weiter so zieht, sieht sie, dass ich nichts darunter anhabe, denke ich und frage sie, ob sie einen Tee trinken will. Emily nickt. Ihre Nägel bohren sich in meinen Schenkel. »Ich weiß, dass du ihn nicht magst, ich weiß, ich weiß, du hast ihn von Anfang an nicht gemocht.« Sie schluchzt, und ich erinnere mich. Ich mache ihre Hand von meinem Rock los. »Schwarz oder grün?«

»Weiß nicht.« Sie schluchzt.

Ich möchte mir die Ohren zuhalten.

In der Küche setze ich Wasser auf und hebe dabei den Arm, ich prüfe, wie mein Schweiß riecht. Paul hat eine selbstgefällige Art, mit mir und Emily spazieren und essen zu gehen. Er gehört zu den Männern, die schon mit zwanzig von Kubareisen Zigarren mitbringen. Ich bin sicher, dass er ihren Geschmack im Spiegel überprüft hat. Ich bin auch sicher, dass er erst nach Emilys Tanzauftritt und in den Augen anderer Männer erkannt hat, dass es sich bei Emily um einen begehrenswerten Menschen handelt. Nicht, weil Emily hässlich wäre, sondern weil Paul zu der Sorte Menschen gehört, die keine eigene Liebe entwickeln können. Ihnen fehlt der Geschmack und der Geruchssinn dafür. Natürlich habe ich Paul nicht gemocht, und im Grunde hasse ich ihn noch immer, das macht den Sex so gut. Auch mich hat er nicht allein entdeckt, Emily hat mich für ihn entdeckt, sie war es, die uns wieder und wieder zusammengebracht hat. Wie ein

Scanner hat er mich von oben bis unten abgesucht, hat nachgespürt, was mich zur besten Freundin der besten Tänzerin macht, und ich bin ihm eines Tages entgegengekommen, einfach so, auf der Straße, und habe ihm gesagt, er solle mir folgen. Er gehorchte, dankbar, dass ich mehr zu wissen schien als er. Mein Schweiß riecht nach so einer Begegnung. Emily wird Paul darin nicht erkennen. Gefasst kehre ich mit dem Tee zurück. Nachdem ich ihr ein Taschentuch gegeben habe, setze ich mich auf die Lehne des Sessels und lege einen Arm um Emilys Schulter. Ein Häuflein Elend, denke ich, als ich ihren schmalen Rücken und die zierlichen Schultern sehe. Ich streiche ihr über den Haaransatz im Nacken, die Haut schimmert, sie ist übersät von hellen und dunklen Leberflecken, der Zitronenduft lässt mich würgen, ich kann das Weiß ihrer Schulterblätter sehen, und selbst diese Knochen erscheinen mir plötzlich zerbrechlich. Dann hocke ich mich vor sie auf den Boden und spreche sie an. »Emily«, sage ich, »Emily«, ich versuche ihre Hände zu halten, die zittern, mein Blick fällt auf ihre rosa Plastiksandalen, ihre Füße sind dreckig, der Lack ist von den Nägeln geplatzt, und ich frage mich, wie lange sie wohl schon in diesen Schuhen nach Paul sucht. Emily starrt in Richtung ihrer Knie, sieht aber weit durch sie hindurch, wahrscheinlich zu Paul und dem Ort, an dem er sich womöglich aufhält, wenn er – wie letzte Nacht – nicht bei ihr und auch nicht bei sich zu Hause ist.

Ich gieße Emily Tee ein.

»Danke«, flüstert Emily, »du bist so lieb zu mir.« Sie spitzt ihre Lippen, um sich am Tee nicht zu verbrühen, sie hält die Tasse dicht vor ihren Mund, trinkt aber nicht, sondern sieht mich an. Ratlos? Fragend? Sie sieht mich einfach an.

»Ich kann ja keinen zwingen, mich zu lieben«, sagt Emily, klar und ohne jedes Zittern. Ihre Stimme klingt so fest, als habe sie eine Lösung für etwas gefunden, für die Preisfrage einer Quizsendung oder für ihr Dasein, eine Formel, ein Satz, in dem sie mehr Klarheit fühlt als in allen Tränen oder im Warten vor Pauls Wohnungstür.

Ich nicke. Emilys Augen sehen wie gewaschen aus. Fast durchsichtig, außer den schwarzen, kleinen Pupillen. Ihr Blick macht mich unsicher.

»Nein«, stimme ich ihr zu, »das kannst du nicht.«

Sie nimmt einen Schluck Tee und stellt die Tasse neben meine auf den Tisch.

Ich habe keine Lust, darüber nachzudenken, warum Paul sie nicht liebt. Ich will auch nicht, dass sie es tut.

»Ich hab ihn gefragt, und er hat einfach nein gesagt«, Emily nimmt einen Schluck aus ihrer Tasse.

Ihre Beharrlichkeit schmerzt. Sie hat Gänsehaut an den Beinen. »Ist dir kalt?« Emily schüttelt den Kopf, fasst mit einer Hand unter sich und zieht etwas hervor. Sie lächelt ein wenig, sagt, darauf sitze sie schon die ganze Zeit. Wir schauen beide. Ich nehme ihr meinen Slip aus der Hand und spüre ihren Blick. Vielleicht wundert sie sich, warum ich meine Unterwäsche hier rumliegen lasse. Soll sie sich wundern. Es geht sie nichts an. Ich starre auf ihren Bauch. Ich frage mich, seit wann sie einen Ring im Nabel trägt. Es kann kaum länger als ein paar Wochen sein, vorher wäre es mir aufgefallen, beim Schwimmen oder wenn sie mal bei mir schlief.

Emily versucht sich unter meinem Blick das enge Oberteil über den flachen Bauch zu ziehen. So viel Schmuck für niemand. Ihre Hände sehen aus, als hätten sie tagelang in Eiswasser gelegen, rot sind sie, und an den Gelenken drücken sich die Knochen durch die Haut. Die Adern treten hervor. Sie zerrt an dem Stoff, fast erscheinen ihre kleinen Brustspitzen im Ausschnitt, die Haut ist dort fleckig.

»Schrecklich, so ein Top.« Die roten Flecken wandern über Emilys Hals bis in ihr Gesicht, sie lässt den Stoff los, er zieht sich zusammen, rollt sich unter den Brüsten ein wenig ein und lässt den

Bauch wieder sehen. Ihre Hände bedecken den Bauch und den Nabel mit dem Ring. »Ich schäm mich damit, heute. Gestern hab ich mich noch nicht geschämt, aber heute.« Ihr Hals ist jetzt ganz rot. »Hast du etwas für mich? Irgendwas, das ich drüberziehen könnte?« Sie sieht mich aus ihren gewaschenen Augen an. Ich kann nicht nein sagen. Sie kratzt sich die nackten Beine. An einigen Stellen muss sie geblutet haben. Über dem Stuhl hängt ein Pullover. Pullover stünden mir nicht, hat Paul behauptet, keiner schönen Frau stehe so was, hat er gewusst und ihn mir gestern Abend über den Kopf gezogen. Ich solle nackt sein, wenn er komme. Wenn wir uns nicht angefasst hätten, wäre ich in Lachen ausgebrochen. Ich reiche Emily den Pullover.

»Und für unten auch?«, fragt sie, als sie den Pullover anzieht.

Ich gehe nachsehen und bringe ihr eine Jeans. Emily steht in Unterhose vor mir. Ein String-Tanga für Paul. Sie sieht aus wie ein verhungertes Kind, wie eine vom Kinderstrich mit ihren rosa Plateausandalen aus Plastik, mit den blondierten, fettigen Haaren, mit den roten Flecken und der Gänsehaut, ihre Hüften sind so schmal wie die eines Knaben, aber ich habe kein Mitleid, nur wundere ich mich, darüber, dass ich kein Mitleid habe und dass ich sie mal schön fand und dass ich mich heute zum ersten Mal frage, wie Paul diese Hüften und Beine berührt und dabei Lust empfunden haben kann. Wir haben uns mal gestreichelt, Emily und ich. Es ist ein paar Jahre her, vielleicht war es Sommer, vielleicht auf einem Campingplatz, vielleicht in einem Zelt, vielleicht war es in der Mittagshitze, und Kondenswasser tropfte auf uns herab, ich erinnere mich, wie erschrocken ich über die Glätte ihrer Haut war, wie befremdlich und zugleich anziehend mir ihre Brüste und der zierliche Rücken erschienen waren.

»Was ist? Warum siehst du mich so an?« Emily zieht mit beiden Händen an dem Pullover und zieht ihn weiter über Hüfte und Po.

»Nichts, ich war in Gedanken. Mir ist gerade eingefallen, dass ich noch einkaufen muss.«

Emily schnappt nach Luft. »Was willst du denn einkaufen? Kann ich mitkommen? Ich meine, ich kann jetzt nicht allein sein, wirklich nicht.«

Ich nicke, sie nimmt mir die Jeans aus der Hand, der Pullover rutscht wieder hoch, ihr Hintern ist so klein, dass er in eine Hand passen würde. Auch ihre Hüften habe ich gestreichelt und dann den Hintern angefasst. Ich musste ihren Mund ansehen, der in einem seltsamen Gegensatz zu dem zierlichen Körper stand, die volle Oberlippe wölbte sich ein wenig vor, ich näherte mich ihren Lippen und wollte sie küssen, aber Emily hatte die Augen geschlossen, sie sah sehr ernst aus, sie streichelte gleichförmig über meine Taille, hin und her, ohne auch nur eine winzige Verzögerung, ohne Aufenthalt und Beschleunigung, mechanisch. Deshalb habe ich aufgehört, sie zu berühren.

Meine Jeans sind ihr zu weit, aber das macht nichts, sie trägt sie mit Gürtel. Sie schnaubt sich die Nase, ich stehe auf und lege Randy Newman auf, Emily nimmt sich ein neues Taschentuch, ich sehe weg, kann ihren Anblick nicht ertragen, ihre Gegenwart tut mir weh, die geschwollene Nase, ihre verquollenen Augen, der zerstörte Blick, mit dem sie mir mitten ins Gesicht sieht. Meine Haut juckt. Ich schaffe es nicht, ihr zu sagen, dass sie gehen soll. Umsonst bemühe ich mich um einen milden Gesichtsausdruck.

»Ich wollte runter zum Markt.« Ich schiebe den Aschenbecher zu ihr hin, ich fürchte, dass sie gleich auf den Boden ascht oder sich zu weit zu mir herüberlehnt.

»Schön, gehen wir zum Markt.« Ihre Asche fällt zu Boden, sie versucht ein Lächeln und zieht an der Zigarette.

»Ich muss später noch zu meiner Schwester«, lüge ich weiter. »Gut, ich komm mit«, sagt Emily.

»Na ja, sicher ist das noch nicht – lass uns erst mal losgehen.«

Ich schlüpfe in meine Schuhe und öffne schon mal die Tür.

Emily nimmt den Beutel mit ihren Tanzschuhen und die Plastiktüte: »Ich bin so weit.«

»Sag mal, was hast'n in der Tüte?«

Emily schaut in die Tüte, als müsse sie sich erst vergewissern, was sie da herumschleppt. »Ein Paar Strümpfe, die hat er vergessen, und meine Zahnbürste – ich dachte, ich würde heut Nacht bei ihm bleiben. Ich hab ein Geschenk für ihn …«

»Was?«

»Na, vielleicht braucht er die Strümpfe …«

Ich sehe Emily fragend an.

»Er hat heute Geburtstag«, ergänzt sie.

»Und dafür braucht er Strümpfe?« Ich wusste von keinem Geburtstag.

In der schlabbrigen Jeans sieht Emily nicht mehr wie eine Straßenhure aus, sondern wie eine Jugendliche, die vor ihren Eltern bis zum Eingang eines U-Bahnhofs geflüchtet ist, dort ihr Lager aufschlägt und bettelt. Fehlt nur noch der Hund, denke ich und laufe hinter ihr die Treppe runter.

Vor der Haustür dreht sich Emily um: »Wirklich, ein Glück, dass du da warst. Ich hätte sonst nicht gewusst, wohin mit mir.«

Wieder fühle ich die süße Scham, statt einer Antwort streiche ich ihr freundschaftlich durch das zitronenfettige Haar. Auf der Straße greift Emily nach meiner Hand.

»Schau mal«, rufe ich, reiße mich von ihrer Hand los, überquere die Straße und zeige in den dreckigen Kanal. Dort schwimmt ein Schwan mit seinen Jungen. Ich höre Emilys Schritte hinter mir, sie stellt sich dicht neben mich ans Geländer, unsere nackten Schultern berühren sich.

»Was glaubst du, bei wem hat Paul übernachtet?«

Sie hält ihr Gesicht so dicht vor meines, dass ich einen Schritt zurücktrete. Ich zucke mit den Schultern, »weiß nicht«, sage ich, den Blick auf die Schwäne gerichtet, »ich kenn ihn doch kaum.«

Emily folgt meinem Blick. Aus der Ferne höre ich eine Glocke. »Komm, wir müssen, die bauen gleich ab.«

Nach wenigen Schritten greift Emily wieder nach meiner Hand, sie macht das von hinten und unten, so dass ich das Gefühl bekomme, ich hielte sie. Paul greift nicht als Erstes nach meiner Hand, auch nicht zwischen meine Beine, er streichelt meinen Bauch, anfangs wie den einer Katze, er krault mich von den Seiten her, mein Verdacht, er könne das nur gelernt haben, meine nicht mich, sondern die beste Freundin der besten Tänzerin, weicht der Berührung, dann beginnt er zwischen den Brüsten und tastet sich vor und zurück, er streicht über die Leisten, links und rechts, rund um den Nabel, in seinen Augen sehe ich den Mutwillen, den Betrug, mit dem er meinen erwidert, er küsst auch meinen Nabel, er leckt die Leisten entlang.

»Ich bin sicher, dass Paul jemand Neues hat«, unterbricht mich Emily, ihre Hand drückt noch fester zu.

»Kannst du nicht mal an was andres denken?«

Ihre Hand wird weich in meiner. Emily läuft gesenkten Kopfes neben mir her. Paul sagt, er fühle sich mit mir wie ein Hund, aber ich glaube nicht, dass er sich wie ein Hund vorkommt, weil er mit Emilys bester Freundin ins Bett geht. Genau weiß ich es nicht, ich hätte ihn fragen können, aber ich frage ihn nichts. Vielleicht fühlt er sich so, weil ich ihm als Hündin erscheine. Nicht er ist derjenige, der nur lieben kann, was bereits geliebt wird; ich brauchte Emily, um mit Paul zu schlafen. Paul meint unsere Bewegungen, beschließe ich. Er glaubt, ich verlange nur eine Hundeliebe, nicht das vernünftige, das große menschliche Fühlen voll Treue und Moral.

»Was für'n Geschenk hast du denn?«

Emily lächelt kurz. Ihre Hand wird einen Augenblick locker, aber sie lässt nicht los. Mit der anderen hält sie die Tüte hoch. »Eine Torte, Himbeer-Sahne, selbstgemacht. Meine allererste Torte. Das war Arbeit. Ich musste zweimal Sahne schlagen, weil sie beim ersten Mal flockig wurde, Butter. Den ganzen Tag hab ich in der Küche gestanden – und dann die Nacht mit dem Ding vor seiner Tür gesessen …« Emily versucht, über sich selbst zu lachen. Ihre Hand klebt fest in meiner.

Ich frage mich, was Emily von ihm verlangt hat, womit sie ihn in die Flucht geschlagen hat. Paul leckt mich am ganzen Körper, ich lecke ihn, beiße ihn, dass er die Bisse noch an den Oberarmen spürt, wenn er wenig später auf seinen Monitor schaut, Explorer, Photoshop, Papierkorb, und immer noch mich sieht.

»Ich weiß nicht, wie ich aufhören soll, an Paul zu denken.« Da ist wieder die Klarheit in Emilys Stimme, diese Festigkeit. Die Distanz zwischen ihrer Stimme und ihrem Blick ist groß.

»Lass es einfach«, befehle ich, »denk an eine schöne Reise, an ein gutes Essen, hör auf, von ihm zu sprechen.«

»Du kannst ihn nicht leiden.«

»Ich kenn ihn doch kaum, Emily.« Ich werde ungehalten und lasse ihre Hand fallen.

»Aber du hast ihn doch ein paarmal erlebt. Du

hast am Anfang auch gemeint, dass er gut aussieht, dass er schöne Ohren hat ...«

»Weiß ich nicht mehr, keine Ahnung. Hör auf, von ihm zu sprechen, Emily.«

Paul hat mich gewarnt. Er hat gesagt, wenn Emily etwas erführe, dann würde sie sterben. Ich lachte, als er das sagte, und er bohrte mir den Zeigefinger in die Brust. Sie dürfe nichts erfahren, vorerst nicht. Mir ist im Augenblick egal, ob Emily stirbt.

Ich finde, die beiden übertreiben. Gestern war Emily vielleicht noch meine Freundin, heute ist Paul mein Freund, wenigstens mein Geliebter. Das Große zwischen ihnen war mir von Anfang an unerträglich. Ich möchte Emily loswerden und Paul wiedersehen. Kurz vor der Brücke steht eine Telefonzelle.

»Wart mal kurz«, sage ich zu Emily, »ich muss meine Schwester anrufen.«

»Jetzt?«

Ich antworte ihr nicht, lasse sie einfach draußen stehen, ziehe die Tür zu und wähle. Ich höre das Klingeln und beobachte, wie Emily in ihrer Plastiktüte wühlt, schließlich die Zigarettenschachtel zum Vorschein bringt und sich eine anzündet. Abwartend schaut sie zu mir in die Zelle.

»Ja?«

»Ich stehe in einer Telefonzelle am Kanal, und draußen steht Emily.«

»Ja?«

»Sie hat dich die ganze Nacht gesucht.«

»Hast du ihr was gesagt?«

»Wie kommst du darauf? Ich weiß nicht, wohin mit ihr.«

»Da siehst du mal, wie es mir geht.«

Ich lache. Wir schweigen. Ich fahre mir mit dem Fingernagel durch die kleine Zahnlücke.

»Bist du noch dran?«, fragt er.

»Ja.«

»Willst du vorbeikommen?«

Die Tür geht auf. Emily steckt ihre Nase herein, Qualm steigt in meine Augen. Meine Stimme klingt hoch.

»Natürlich will ich. Das weißt du.«

Emily sieht mich fragend an, ich drehe ihr den Rücken zu.

»Meine Hand riecht noch nach dir.«

»Was?«

»Meine Hand.« Ich höre, wie Paul an seiner Hand riecht. Emily schlingt mir den Arm um die Taille und drückt den Kopf gegen meinen Rücken. Ich kann ihm nicht antworten. »Warum bist du so still?«

Ich schweige.

»Bist du noch dran?«

Ich presse den Hörer ans Ohr, damit Emily nicht seine Stimme erkennt.

»Hallo?«

»Ja.« Emily drückt meinen Schenkel zur Seite und stellt ihre Torte auf die schmale Ablage in Kniehöhe. Ein säuerlicher Geruch breitet sich aus. »Soll ich was mitbringen, magst du Kuchen?«

»Nicht nötig, mit süßen Sachen kannst du mich jagen – ich freu mich auf dich.«

»Ich mich auch.« Ich beiße mir auf die Lippe.

»Wie lang brauchst du denn noch mit Emily?«

»Nicht mehr so lange.«

»Ich warte auf dich.«

»Dann gegen vier.«

»Vier?«, höre ich ihn noch fragen, aber ich drücke auf die Gabel. Ich schiebe Emily aus der Zelle.

»Was sagt sie?«

»Wer?«

»Na, deine Schwester?«

»Sie ist krank.«

»Krank?«

Auf dem Markt sind mir zu viele Leute, ich schlage Emily vor, in die Brückenklause zu gehen.

Jedes Mal, wenn die Tür aufgeht, schaut Emily hoch. Sie trinkt Alsterwasser und raucht eine nach der anderen. Ich rede nicht mit ihr. Sie schweigt rücksichtsvoll, bis ich nach dem Kellner winke. Ich möchte zahlen.

»Ich habe wohl in letzter Zeit vor allem an mich gedacht.« Sie greift nach meiner Hand, sie sieht mich aus hellen Augen an, und ich glaube, im rechten Augenwinkel eine Träne zu erkennen. Ich sehe zur Tür.

»Am liebsten wär ich weg, weißt du, einfach weg. Es ist so anstrengend, durch die Gegend zu laufen. Unauffällig verschwinden, das wär das Beste. Wenn Selbstmord nicht so kitschig wäre. Es tut mir leid, weißt du, die ganze Sache mit Paul …«

»Die interessiert mich nicht«, ich blicke ihr hart in die Augen, »vielleicht erlebe ich auch Sachen, ja? Denkst du manchmal so weit?«

»Doch, sicher.« Ihre Hand schwitzt auf meiner.

Ich nehme ihr meine Hand weg. »Lass endlich meine Hand los, Emily, wirklich.« Ich überlege einen Augenblick – ich könnte ihr sagen, wie es ist, mit Paul zu schlafen. Über der Bar hängt eine große Uhr. Es ist kurz vor vier. Der Kellner kommt, er stößt aus Versehen gegen Emilys halbvolles Glas. Tausend kleine Scherben. Emily springt auf. Der Kellner möchte helfen. Er stammelt herum, Emily wischt sich das Alster von den Händen und klopft sich auf die nassen Hosenbeine. Mich überkommt Mitgefühl. Ich lege ihr eine Hand auf die Schulter. Ihr Rücken ist nass, aber nicht vom Alster, eher von ihrem Schweiß, vom Schrecken, von der Sonne, von der durchwachten Nacht, ich packe fester zu, ziehe sie zu mir heran, trotz des Zitronenduftes, für einen Augenblick ist sie meine Freundin, die, mit der ich alles teile, für die ich immer da bin. Ich drücke sie an mich, fahre den Kellner an, er könne sich wenigstens entschuldigen. Und der Kellner gehorcht. Aber Emily hat mich nicht nötig. Ihre Augen leuchten, sie steht aufrecht da und sieht mich an: »Ich gehe jetzt zu Paul, vielleicht ist er inzwischen da, ich bringe ihm mein Geschenk.«

Ich weiß nicht, was ich sagen soll, ich setze mich hin, Emily zündet sich eine Zigarette an und schaut zu mir herunter. Sie bläst den Rauch durch die Nase.

»Ich hab die letzte Nacht mit jemandem verbracht, Emily, deshalb bin ich, na ja, so abwesend.«

Emily lächelt mich freundschaftlich an, abwartend und neugierig, ich glaube, sie denkt, jetzt sei alles zwischen uns endlich wieder gut. »Du hast dich verliebt?«

»Ich rede nicht von Liebe, Emily, es muss doch nicht immer gleich alles Liebe sein.«

Ich kann mit Emily nicht weitersprechen, von mir aus soll sie sterben. Der Lichteinfall soll sie lähmen, soll sie töten. Weichtier. Sie soll mich nur in Ruhe lassen, ich möchte ihre Freundschaft nicht. Emily zieht ihre Jacke an. Gleich wird sie mir einen Kuss auf die Wange hauchen. Ich beobachte die Tür, sie geht auf und zu, Menschen kommen herein. Ich kann nicht mit Emily um die Wette zu Paul laufen.

AMÉLIE NOTHOMB

Pétronille

Einen Rausch sollte man nicht improvisieren. Sich zu betrinken ist eine Kunst, die Talent und Sorgfalt erfordert. Die Sache dem Zufall zu überlassen führt zu nichts.

Dass das erste Besäufnis oft so wunderbar ist, liegt am vielberufenen Anfängerglück – das sich per definitionem nie wiederholt.

Jahrelang habe ich getrunken wie alle anderen auch, mehr oder weniger harte Sachen, was halt der Abend so hergab, stets in der Hoffnung auf einen Schwips, der das Leben erträglicher machte. Das Einzige, was ich davon hatte, war ein Kater. Dennoch hegte ich schon immer die Vermutung, dass dabei etwas Besseres herauskommen könnte.

Mein experimentelles Temperament gewann schließlich die Oberhand. Nach dem Vorbild von Schamanen aus dem Amazonasgebiet, die sich grausame Diäten auferlegen, bevor sie eine unbekannte Pflanze kauen, um deren Wirkung zu erkunden, griff ich zur ältesten Forschungsmethode der Welt: dem Fasten. Um in sich jene Leere zu schaffen, die für eine wissenschaftliche Erkenntnis unabdingbar ist, greift man instinktiv zum Mittel der Askese.

Nichts macht mich trauriger als Menschen, die vor der Verkostung eines großen Weins »einen Happen essen« wollen: Das ist eine Beleidigung des Essens und noch viel mehr des Getränks. »Sonst steigt er einem ja gleich zu Kopf«, faseln sie und machen es damit nur noch schlimmer. Dann sollten sie besser auch keine schöne Frau mehr ansehen, weil sie ihnen den Kopf verdrehen könnte.

Beim Trinken den Rausch vermeiden zu wollen ist ebenso kläglich, wie sich beim Hören sakraler Musik gegen das Gefühl des Erhabenen zu sperren.

Also habe ich gefastet. Und das Fasten mit einem Veuve-Clicquot gebrochen. Meine Idee war, mit einem guten Champagner zu beginnen, und dafür hatte ich nicht die schlechteste Wahl getroffen.

Warum Champagner? Weil dieser Rausch keinem anderen gleicht. Jedes alkoholische Getränk hat seine besondere Schlagkraft; Champagner ist das einzige, das keine ordinären Metaphern hervorruft. Er erhebt die Seele in einen Zustand, der einst, als dieses schöne Wort noch Geltung besaß, dem Edelmann eigen gewesen sein muss. Champagner macht liebenswürdig und selbstlos, verleiht

Leichtigkeit und Tiefe, steigert die Liebe und verleiht deren Verlust Eleganz. Das alles erlaubte den Schluss, dass aus diesem Elixier noch mehr herauszuholen wäre.

Beim ersten Schluck wusste ich, dass ich recht gehabt hatte: Noch nie hatte mir Champagner so köstlich geschmeckt. Sechsunddreißig Stunden Fasten hatten meine Papillen so sensibilisiert, dass sie die feinsten Nuancen herausschmecken konnten und von einer neuen, zunächst fabelhaften, dann strahlenden und schließlich überwältigenden Wollust bebten.

Tapfer trank ich weiter, und je leerer die Flasche wurde, desto stärker veränderte sich das Wesen meiner Erfahrung. Sie verdiente immer weniger die Bezeichnung Rausch und wurde zu etwas, was man mit dem wissenschaftlichen Pomp unserer Tage »einen höheren Bewusstseinszustand« nennt. Ein Schamane hätte Trance dazu gesagt, ein Süchtiger Trip. Visionen stellten sich ein.

Es war 18 Uhr 30, um mich wurde es dunkel. Im schwärzesten Winkel sah und hörte ich Schmuckstücke: Gold, Silber und Edelsteine glitzerten und klirrten, ein schlängelndes Geschmeide, das auf mich zukroch. Es verlangte nicht nach Hälsen, Handgelenken oder Fingern, um sie zu schmücken, sondern genügte sich selbst und kündete von seinem absoluten Luxus. Je näher es kam, desto stärker spürte ich seine metallische Kühle. Es fühlte sich köstlich an, wie Schnee, gern hätte ich mein Gesicht in diesen eisigen Schatz getaucht. Der faszinierendste Moment aber war, als ich tatsächlich das Gewicht eines Juwels in meiner Handfläche spürte.

Ich stieß einen Schrei aus, der die Halluzination vertrieb. Beim nächsten Glas begriff ich, dass das Getränk ihm wesensverwandte Visionen hervorrief: Das Gold seines Kleids war in die Armreife gegossen, die Bläschen in die Diamanten. Und der Kühle des Silbers entsprach die Kälte des Schlucks.

Darauf folgte eine Phase des Denkens, sofern man das Fließende, das sich meines Geistes bemächtigt hatte, so bezeichnen kann. Im Gegensatz zum Grübeln, das ihn manchmal verkleistert, begann er zu wirbeln, zu sprudeln, von leichten Dingen überzuschäumen – als wollte er mich bezaubern. Das war so untypisch für ihn, dass ich lachen musste. Für gewöhnlich überhäuft er mich mit Vorwürfen wie ein von der Dürftigkeit der Unterkunft empörter Mieter.

Dass ich mich unerwarteterweise so wohl in meiner Gesellschaft fühlte, eröffnete ganz neue Horizonte. Nun wäre ich gern auch für jemand anderen eine so angenehme Gesellschaft gewesen wie für mich. Nur für wen?

Ich ging meine Bekanntschaften durch, unter denen viele nette Menschen waren. Fand aber nichts Passendes. Es müsste eine Person sein, die bereit wäre, sich erst der Askese zu unterwerfen und dann mit vergleichbarer Verve zu trinken. Es war mir vollkommen klar, dass meine Idee einen praktizierenden Anhänger der Nüchternheit nicht ansprechen würde.

Inzwischen hatte ich die Flasche geleert und war vollkommen betrunken. Ich stand auf und versuchte zu gehen. Meine Beine wunderten sich, dass ein so komplizierter Tanz zu normalen Zeiten keinerlei Anstrengung erforderte. Ich wankte zum Bett und fiel hinein.

Diese Selbstentledigung war eine Lust. Ich begriff, dass der Geist des Champagners mein Verhalten guthieß: Ich hatte ihn mit größter Ehrerbietung empfangen und in mir aufgenommen wie einen hohen Gast, dafür überhäufte er mich mit seinen Wohltaten; bis zum finalen Schiffbruch gab es nichts, was keine Gnade war. Hätte Odysseus den edlen Leichtsinn besessen, sich nicht am Mast festzubinden, er wäre mir dorthin gefolgt, wo mich die äußerste Macht dieses Elixiers hinzog, er wäre mit mir in die Tiefen des Meeres getaucht, eingelullt vom blonden Gesang der Sirenen.

Wie lange ich in diesen Abgründen zwischen

Schlaf und Tod verweilte, weiß ich nicht. Ich war auf ein komatöses Aufwachen eingestellt. Aber ich hatte mich geirrt. Beim Auftauchen verspürte ich eine neue Lust: Als wäre ich in Zucker kandiert, spürte ich die winzigsten Details des Komforts, der mich umgab. Jeder Kontakt mit meiner Kleidung ließ mich erschauern, und die Weichheit des Bettes, das meiner Schwäche entgegenkam, war eine Verheißung von Liebe und Verständnis, die mir bis ins Knochenmark drang. Mein Geist schwamm buchstäblich in Ideen – eine Idee ist nämlich zunächst etwas, was man sieht.

Ich sah mich als Odysseus, der nach seinem Schiffbruch an unbestimmten Ufern gestrandet war, und bevor ich einen Plan entwickelte, kostete ich mein Staunen darüber aus, dass ich überlebt hatte, an allen Organen unversehrt und das Gehirn nicht angeschlagener als sonst, und auf dem festen Teil des Planeten lag. Meine Pariser Wohnung wurde zum unbekannten Gestade, und ich widerstand dem Drang, zur Toilette zu gehen, um mir die Neugier auf den mysteriösen Stamm zu erhalten, den ich dort antreffen sollte.

Genauer betrachtet, fehlte zur Vollkommenheit dieses Zustands nur eines: jemand, mit dem ich ihn teilen konnte. Nausikaa oder der Zyklop hätten mir gefallen. Liebe und Freundschaft sind die idealen Resonanzräume für ein solches Entzücken.

»Mir fehlt ein Saufkumpan oder eine -kumpanin«, dachte ich. Ich ließ alle Leute Revue passieren, die ich in Paris kannte, wo ich erst unlängst hingezogen war. Die kurze Liste enthielt ganz reizende Menschen, die leider keinen Champagner tranken, oder aber Champagnertrinker, die mir weniger sympathisch waren.

Endlich schaffte ich es auf die Toilette. Als ich zurück war, betrachtete ich den schmalen Ausschnitt von Paris, der sich mir durch mein Fenster bot. Fußgänger verloren sich in der dunklen Straße. »Lauter Pariser«, dachte ich wie eine Entomologin. »Ausgeschlossen, unter so vielen Menschen nicht den oder die Auserwählte zu finden. In der Lichterstadt muss es jemanden geben, mit dem man Licht trinken kann.«

Ich war als dreißigjährige Schriftstellerin in Paris gelandet. Buchhändler luden mich zu Signierstunden ein, und ich sagte nie nein. Die Leute strömten herbei, um mich zu sehen, und ich empfing sie mit einem Lächeln. »Sie ist nett«, hieß es.

Tatsächlich betrieb ich eine passive Jagd. Die Besucher wurden vom Objekt ihrer Neugier in Wahrheit auf ihre Eignung als Saufkumpan geprüft.

Aber woran erkennt man einen solchen? Es war ein Raubzug mit ungewissem Ausgang.

Schon das Wort »Kumpan« war unbrauchbar, da es sich etymologisch auf das Teilen von Brot bezieht. Ich hingegen suchte einen Kumvin oder eine Kumvine. Einige Buchhändler hatten die glückliche Eingebung, mir Wein hinzustellen, manchmal sogar Champagner, was mir die Möglichkeit bot, den Funken des Begehrens in den Augen der anderen abzuschätzen. Lüsterne Blicke gefielen mir, sofern sie nicht zu aufdringlich waren.

Die Praxis der Signierstunden beruht auf einer fundamentalen Unklarheit: Keiner weiß, was der andere will. »Was erwarten Sie von solchen Begegnungen?«, wurde ich schon oft von Journalisten gefragt. Meiner Meinung nach sollten sie lieber die Gegenseite befragen. Was wollen Autogrammjäger – von den seltenen Fetischisten, für die die Unterschrift eines Autors an sich etwas bedeutet, einmal abgesehen – wirklich? Mich machen diese Menschen, die kommen, um mich zu sehen, jedenfalls sehr neugierig. Ich versuche herauszufinden, wer sie sind und was sie wollen. Diese Frage wird mich immer beschäftigen.

Heute ist sie leichter zu beantworten. Anscheinend stehen die hübschesten Frauen von Paris bei mir Schlange, und ich stelle amüsiert fest, dass viele kommen, um mit diesen Schönheiten zu flirten. Die Bedingungen dafür sind ideal, weil ich Widmungen mit niederschmetternder Langsamkeit verfasse, also haben die Verführer alle Zeit der Welt.

Diese Geschichte begann aber Ende 1997. Damals war das Phänomen weniger offensichtlich, weil ich noch nicht so viele Leserinnen hatte, was per se die Wahrscheinlichkeit verringerte, einem Traumwesen zu begegnen. Es waren heroische Zeiten. Die Buchhändler kredenzten mir selten Champagner. Ich hatte noch kein Büro im Verlag. An diese Phase meines Lebens denke ich mit dem gleichen gerührten Schrecken zurück wie die Menschheit an die Steinzeit.

Auf den ersten Blick wirkte sie so kindlich, dass ich sie für einen fünfzehnjährigen Jungen hielt. Dieser Eindruck wurde noch verstärkt von der übertriebenen Intensität ihres Blicks: Sie starrte mich an, als wäre ich das Glyptodon-Skelett im Muséum du Jardin des Plantes. Viele Jugendliche lesen meine Bücher. Wenn es sich um gymnasiale Pflichtlektüre handelt, ist das von geringerem Interesse. Wenn sie es aber aus Eigeninitiative tun, beeindruckt es mich. Daher begrüßte ich den Jungen mit ungeheuchelter Begeisterung. Er war allein gekommen, also nicht von einem Lehrer dazu genötigt.

Er hielt mir ein Exemplar der *Liebessabotage* entgegen. Ich schlug es auf und sprach die rituelle Formel:

»Guten Abend. Für wen soll es sein?«

»Für Pétronille Fanto«, erwiderte eine Stimme, die nur schwer einem Geschlecht zuzuordnen war, aber eher weiblich als männlich klang.

Ich zuckte zusammen, nicht nur, weil ich nun das wahre Geschlecht dieser Person erkannt hatte, sondern auch sie selbst.

»Sie sind das?!«, rief ich aus.

Wie oft habe ich in Signierstunden diesen Moment erlebt: dass jemand, mit dem ich korrespondiere, plötzlich in Fleisch und Blut vor mir steht. Das ist jedes Mal ein großer Schock. Der Übergang von einer papierenen zu einer körperlichen Bekanntschaft ist ein Wechsel der Dimension. Ob von der zweiten in die dritte, weiß ich nicht, es könnte auch umgekehrt sein. Und es bedeutet oft einen Rückschritt in die Banalität. Das Schreckliche daran ist, dass dieser Prozess unumkehrbar ist: Entspricht die Erscheinung des anderen aus welchem Grund auch immer nicht dem Niveau des Briefwechsels, wird dieser nie wieder seine frühere Höhe erreichen. Man kann das weder vergessen noch davon abstrahieren. Jedenfalls kann ich das nicht. Dabei geht es ja gar nicht um Galanterie. Aber es wäre ein Fehler, zu glauben, dass das Äußere nur in der Liebe zählt. Für die meisten Menschen, zu denen auch ich gehöre, ist es für Freundschaften, ja für die elementaren Beziehungen ebenso relevant. Ich spreche hier nicht von schön oder hässlich, sondern von dem ebenso unbestimmten wie wichtigen Phänomen, das man Physiognomie nennt. Es gibt Menschen, die mag man auf den ersten Blick, und Pechvögel, die man gleich nicht ausstehen kann. Das zu leugnen würde die Ungerechtigkeit nur noch verstärken.

So etwas kann sich natürlich entwickeln: Manche Menschen sehen abstoßend aus, sind aber so hinreißend, dass man sich an ihren Anblick gewöhnen kann, ja sogar lernt, ihn zu mögen. Auch für das Gegenteil gibt es Belege: Menschen mit angenehmem Äußeren verlieren mit der Zeit ihren Charme, wenn uns ihre Persönlichkeit missfällt. Das ändert nichts daran, dass man sich mit diesen Gegebenheiten von Anfang an auseinandersetzen muss. Im Augenblick der ersten Begegnung nimmt man plötzlich den Körper des anderen wahr.

»Ja, ich bin das«, erwiderte Pétronille.

»Ich habe Sie mir anders vorgestellt«, rutschte es mir heraus.

»Wie denn?«, fragte sie.

Meine idiotische Bemerkung legte ihr diese Frage

praktisch in den Mund. Eigentlich hatte ich sie mir gar nicht vorgestellt. Wenn man mit jemandem in einem Briefwechsel steht, hat man kein Bild von ihm, nur eine vage Ahnung, wie er vielleicht sein könnte. Pétronille Fanto hatte mir in den letzten drei Monaten zwei, drei handschriftliche Briefe geschickt, ohne ihr Alter zu verraten. Sie enthielten so tiefgründige, dunkle Gedanken, dass ich daraus auf eine ältere Person geschlossen hatte. Und jetzt stand diese Jugendliche mit einem Blick so scharf wie Chili vor mir.

»Ich hätte Sie für älter gehalten.«

»Ich bin zweiundzwanzig.«

»Sie sehen jünger aus.«

Sie verdrehte so genervt die Augen, dass ich fast gelacht hätte.

»Und was machen Sie?«

»Studieren«, sagte sie. Und fügte, wohl um meiner nächsten Frage zuvorzukommen, gleich hinzu: »Ich will meinen Master in elisabethanischer Literatur machen und schreibe an einer Arbeit über einen Zeitgenossen von Shakespeare.«

»Großartig! Welchen denn?«

»Den werden Sie nicht kennen!«

Jetzt musste ich wirklich lachen.

»Und zwischen Marlowe und John Ford finden Sie die Zeit, meine Bücher zu lesen?«

»Unterhaltung muss auch sein.«

»Es freut mich, wenn ich Sie unterhalten kann«, sagte ich abschließend.

Ich hätte gern länger mit ihr geplaudert, aber sie war nicht die Letzte in der Schlange. Signieren muss schnell gehen, was oft ziemlich befreiend ist. Ich schrieb irgendetwas auf die Titelseite der *Liebessabotage*, keine Ahnung mehr, was. Von Ausnahmen abgesehen, interessieren mich die Widmungen in einer Signierstunde am wenigsten.

Diejenigen, die ihr Autogramm schon bekommen haben, verhalten sich auf zwei verschiedene Weisen: Manche ziehen mit ihrer Beute ab, die anderen treten zur Seite und schauen mir bis zum Schluss zu. Pétronille blieb und beobachtete mich. Als ob sie Material für eine Tierdoku sammeln wollte.

Das Ganze fand in *L'Astrée* statt, einer bezaubernden, winzigen Buchhandlung in der Rue de Lévis 69 im siebzehnten Arrondissement. Michèle und Alain Lemoine empfingen Schriftstellerin und Leser wie üblich mit entwaffnender Herzlichkeit. Da es an diesem Abend Ende Oktober schon kalt war, kredenzten sie allen ein Glas Glühwein. Ich genoss meinen und bemerkte, dass Pétronille ihren auch nicht verachtete.

Sie sah wirklich wie ein Halbwüchsiger aus. Sogar ihr langes Haar, das sie als Pferdeschwanz trug, hatte etwas Jungenhaftes.

Ein Fotograf tauchte auf und begann, wie wild Fotos von mir zu schießen, ohne um Erlaubnis zu fragen. Ich überging sein Treiben und kümmerte mich weiter um meine Leser. Doch bald reichte es dem Rüpel nicht mehr, ignoriert zu werden, und er versuchte, die Leute mit Handbewegungen zu verscheuchen. Jetzt platzte mir der Kragen.

»Ich bin nicht für Sie da, Monsieur, sondern für meine Leser. Sie haben hier niemandem Vorschriften zu machen.«

»Ich trage doch nur zu Ihrem Ruhm bei«, schleimte er und machte einfach weiter.

»Sie tragen höchstens zu Ihrem Einkommen bei und lassen jede Höflichkeit vermissen. Sie haben schon genug Fotos im Kasten. Schluss damit.«

»Das ist ein Angriff auf die Pressefreiheit!«, tobte er und entlarvte sich damit endgültig als Paparazzo.

Michèle und Alain Lemoine waren entsetzt von dem, was da in ihrer Buchhandlung mit dem Namen eines erlesenen Romans vor sich ging, und zu keiner Reaktion fähig. Doch Pétronille packte den Kerl mit einer Hand am Kragen und warf ihn mit einer Entschiedenheit, die keinen Widerspruch duldete, hinaus.

Was dort passierte, war mir nicht ganz klar, aber

den Schützen habe ich nie wieder gesehen, und keines seiner Fotos wurde je in einer Zeitung gedruckt.

Niemand kommentierte den Zwischenfall. Ich signierte lächelnd weiter. Anschließend leerten die Buchhändler, ein paar Stammkunden und ich noch den Glühwein und unterhielten uns ein wenig. Dann verabschiedete ich mich und ging zur Metrostation.

In der Dunkelheit hatte ich die schmale Gestalt, die am Ende der Rue de Lévis auf mich wartete, nicht erkannt.

»Pétronille!«, rief ich überrascht.

»Was ist, fühlen Sie sich belästigt?«

»Nein. Danke für vorhin. Was haben Sie mit dem Kerl gemacht?«

»Ich habe ihm meine Art zu denken erläutert. Er wird Sie nicht mehr behelligen.«

»Sie klingen wie aus einem Film von Michel Audiard.«

»Wenn ich Ihnen noch mal schreibe, werden Sie mir antworten?«

»Natürlich.«

Sie gab mir die Hand und verschwand in der Nacht. Entzückt von dieser Begegnung, ging ich zur Metro hinunter. Pétronille schien mir Shakespeares Zeitgenossen, die sie studierte, würdig zu sein: wilden Jungs, die stets bereit waren, sich zu schlagen.

Diesmal war der Fall eingetreten, dass die Erscheinung die Korrespondenz nicht beeinträchtigte, im Gegenteil: Es war für mich von besonderem Reiz, die Briefe eines düsteren alten Philosophen wiederzulesen und dabei zu wissen, dass sie von einem streitlustigen Jungen mit lebhaftem Blick stammten.

Ich hatte eine Idee im Hinterkopf: War Pétronille vielleicht meine ideale Kumvine? Nur konnte ich sie ja nicht mir nichts, dir nichts fragen, was sie als Saufkumpanin taugte. Also bedankte ich mich in einem Brief bei ihr, dass sie mich aus einer heiklen Situation gerettet hatte, und lud sie auf ein Glas ins *Gymnase* ein. Tag und Zeit legte ich gleich fest. Sie sagte postwendend zu.

Das *Gymnase* ist ein schäbiges Café, in dem ich öfter bin, weil es nur hundert Meter von meinem Verlag entfernt ist. Ich schätze dieses unansehnliche Lokal, weil es der Archetyp eines Pariser Bistros ist. Auf der Theke stehen ein Halter mit hartgekochten Eiern und ein Korb Croissants. Und die Gäste sehen so aus, als ob sie gern am Tresen ihre Meinungsverschiedenheiten austragen würden.

Es war der erste Freitag im November, 18 Uhr.

Wie immer war ich als Erste da. Mein Naturell erlaubt mir nicht, weniger als zehn Minuten zu früh zu kommen. Ich möchte mich erst mit der anwesenden Fauna anfreunden, bevor ich mich einem Einzelnen widme.

Bei Signierstunden trete ich für gewöhnlich als Marspagode auf, an diesem Tag trug ich meine Alltagskleidung: einen langen schwarzen Rock, irgendein schwarzes Jackett und die schwarze Halskrause, ohne die ich nicht ich selbst bin – ich bin eine Verfechterin der Rückkehr zur Halskrause, aber trotz meiner Berühmtheit ist es mir nie gelungen, irgendjemanden von meiner Sicht der Dinge zu überzeugen. Pétronille Fanto kam wie beim ersten Mal in Jeans und Lederblouson.

»Ich nehme einen Kaffee«, sagte sie.

»Wirklich? Wollen wir nicht etwas Festlicheres trinken?«

»Gut, dann ein Bier.«

»Ich dachte eher an Champagner.«

»Hier?«, fragte Pétronille und machte große Augen.

»Ja, hier ist es sehr schön.«

Sie blickte sich um, als ob ihr etwas entgangen wäre.

»Okay, es ist sehr schön hier.«

»Mögen Sie keinen Champagner?«

»Wieso sollte ich keinen Champagner mögen?«

»Ich wollte Sie nicht kränken.«

»Haben Sie den Champagner hier schon probiert?«

»Nein. Aber jetzt ist doch die Gelegenheit dazu.«

»Ob die so was überhaupt führen?«

»Abgesehen von der Bahnhofskneipe in Vierzon kriegt man in Frankreich überall Champagner.«

Pétronille winkte dem Kellner.

»Haben Sie Champagner?«

»Klar. Zwei Glas?«

»Eine Flasche, bitte«, sagte ich.

Pétronille und der Kellner sahen mich plötzlich mit Hochachtung an.

»Ich habe einen Brut von Roederer«, sagte er, »leider keinen Cristal. Ist das in Ordnung?«

»Perfekt, wenn er gekühlt ist.«

»Aber sicher«, erwiderte er erschrocken.

Frankreich ist jenes Zauberreich, wo Ihnen in der gewöhnlichsten Kneipe jederzeit ein ideal temperierter großer Champagner serviert werden kann.

Während der Kellner die Bestellung vorbereitete, fragte Pétronille:

»Gibt's was zu feiern?«

»Ja, unsere Begegnung.«

»Nicht nötig, so wichtig ist das nicht.«

»Für Sie vielleicht nicht. Für mich schon.«

»Ah, okay.«

»Das ist der Beginn einer Freundschaft.«

»Wenn Sie meinen …«

»Hoffe ich jedenfalls.«

Der Kellner kam mit zwei Gläsern und der Flasche in einem Champagnerkühler wieder.

»Soll ich sie öffnen?«

»Lassen Sie mich das machen«, rief Pétronille.

Lässig entkorkte sie den Brut von Roederer und füllte die beiden Flöten.

»Auf unsere Freundschaft«, sagte ich feierlich.

Es schmeckte so, wie das zaristische Russland den französischen Luxus beschrieb: Glück erfüllte meinen Mund.

»Nicht schlecht«, fand Pétronille.

Ich beobachtete sie: Sie teilte meine Begeisterung. Es gefiel mir, dass sie sich nicht blasiert gab.

Der Kellner hatte Erdnüsse gebracht, was einer merkwürdigen Werteskala entsprach. Genauso gut könnte man Turgenjew lesen und dazu den *Ententanz* hören. Zu meiner Erleichterung rührte Pétronille sie nicht an.

Ich neige dazu, schnell zu trinken, auch wenn das Getränk exzellent ist. Das ist nicht das Schlechteste, was man tun kann, um ihm Respekt zu zollen. Jedenfalls hat der Champagner mir nie mein Tempo verübelt, das absolut nichts mit mangelnder Wertschätzung zu tun hat. Ich trinke schließlich auch deshalb schnell, damit er nicht warm wird. Man sollte den Champagner keinesfalls kränken. Nicht dass er das Gefühl bekommt, zu wenig begehrt zu werden. Schnell trinken heißt natürlich nicht kippen. Immer nur ein Schluck, aber den behalte ich nicht lange im Mund, sondern lasse das Wunder gern durch meine Kehle rinnen, wenn seine Kälte fast noch schmerzt.

»Sie schauen so komisch«, bemerkte Pétronille.

»Ich konzentriere mich auf den Champagner.«

»Sie machen ein merkwürdiges Gesicht, wenn Sie sich konzentrieren.«

Der Champagner half mir dabei, sie zum Reden zu bringen. Irgendwann gestand sie schließlich, dass es in ihrer Arbeit um ein Stück von Ben Jonson ging.

Die letzten zwei Jahre hatte sie in Glasgow verbracht und an einem College Französisch unterrichtet. Als sie über ihr Leben in Schottland sprach, verdüsterte sich ihre Miene. Daraus schloss ich, dass sie dort wohl ihrer ersten Liebe begegnet war, diese aber kein gutes Ende genommen hatte.

Ich schenkte uns nach. Je mehr sich die Flasche dem Ende zuneigte, desto weiter kamen wir in ihre Vergangenheit zurück. Sie war in einem Pariser Vorort aufgewachsen. Ihr Vater war Elektriker bei der Metro, ihre Mutter Krankenschwester im Krankenhaus der Pariser Verkehrsbetriebe.

Ich sah sie mit der dümmlichen Bewunderung an, die meinesgleichen echten Arbeiterkindern gegenüber an den Tag legt.

»Mein Vater verbringt seine Sonntagvormittage damit, die *Humanité* auf dem Markt zu verkaufen …«

»Sie sind eine Kommunistin!«, rief ich so begeistert aus, als hätte ich einen seltenen Vogel entdeckt.

»Nun mal langsam. Meine Eltern sind Kommunisten, nicht ich. Aber natürlich bin ich links. Und Sie gehören zur Hautevolee, oder?«

»Ich komme aus Belgien«, stellte ich trocken fest, um weitere Fragen zu vermeiden.

»Ja, klar, hab verstanden.«

Sie hielt mir ihr Glas hin, damit ich es wieder füllte.

»Sie sind wie ich, Sie haben einen ordentlichen Zug drauf«, sagte ich.

»Stört Sie das?«

»Im Gegenteil. Ich trinke gern mit Menschen, die meine Leidenschaft teilen.«

»Geben Sie lieber zu, dass es Sie amüsiert, sich mit der Plebs gemeinzumachen.«

Ich sah sie forschend an und fragte mich, ob sie das ernst meinte.

»Kommen Sie mir jetzt mit Klassenkampf und dialektischem Materialismus? Als ich Sie eingeladen habe, wusste ich nichts von Ihrer Herkunft.«

»Menschen aus Ihrer Kaste riechen so was.«

»›So was‹, wie Sie sagen, interessiert mich nicht.«

Die Spannung stieg. Pétronille musste das auch aufgefallen sein, jedenfalls versuchte sie den Schlagabtausch zu besänftigen.

»Wenigstens sind wir uns in etwas einig«, sagte sie und wies mit dem Kinn auf die Flasche.

»Wie wahr«, stimmte ich zu.

»Meine Eltern mögen guten Champagner. Wir trinken so was nicht oft, aber immerhin. Schließlich hat ein Deutscher den Kommunismus erfunden, und die Russen haben ihn eingeführt, zwei Völker, die große Champagner zu schätzen wissen.«

»Ich bin in einer Botschaft geboren, also quasi im Champagner.«

»Dann ist er für Sie wahrscheinlich nichts Besonderes mehr.«

»Da täuschen Sie sich! Mein Leben hatte seine glänzenden und seine elenden Seiten. Schreiben Sie oft an Schriftsteller?«

»Sie sind die Erste und bis heute auch die Einzige.«

»Womit habe ich diese Ehre verdient?«

»Sie bringen mich zum Lachen. Ich habe Sie zum

ersten Mal im Radio gehört. Ich kannte Sie nicht, aber ich habe mich fast totgelacht. Sie erzählten, wie man einen Wal melkt. Und dass Sie in jedem Ihrer Bücher das Wort Autoreifen unterbringen. Um das zu überprüfen, habe ich alle gelesen. Sie haben nicht gelogen.«

»So verschaffe ich den Leuten ernsthafte Gründe, mich zu lesen.«

»Ich mag Ihre Bücher. Sie haben mich berührt.«

»Danke, das freut mich.«

Das war keine Floskel. Es beglückt mich aufrichtig, wenn jemand meine Bücher mag. Und aus dem Mund dieses seltsamen Kindes, das mit Shakespeares Zeitgenossen fraternisierte und Fotografen terrorisierte, gefiel mir das Kompliment umso mehr.

»Sie sind das doch sicher gewohnt.«

»Daran gewöhne ich mich nie. Außerdem sind Sie nicht irgendwer.«

»Stimmt irgendwie. Ich bin nicht leicht zufriedenzustellen. Bei dem Versuch, zeitgenössische Literatur zu lesen, bin ich immer eingeschlafen.«

Ich versuchte sie davon zu überzeugen, dass sie unrecht hatte, und äußerte mich lobend über zahlreiche lebende Schriftsteller.

»Keiner kommt an Shakespeare heran.«

»Ich auch nicht.«

»Sie spendieren Ihren Lesern Champagner, das ist was anderes.«

»Das konnten Sie vorher nicht wissen. Außerdem mache ich das nicht bei allen.«

»Das will ich auch hoffen. Ich werde es überprüfen.«

Ich lachte, wenn auch ein wenig gezwungen, weil ich ihr das durchaus zutraute. Offenbar konnte sie Gedanken lesen, denn sie fügte umgehend hinzu: »Keine Sorge, ich habe Wichtigeres zu tun.«

»Daran zweifle ich nicht«, sagte ich. »Ich brenne darauf, mehr zu erfahren.«

»Sie werden schon sehen.«

Vom Schwips beflügelt, sah ich grandiose Aktionen vor mir: den Diebstahl der englischen Krone zugunsten der schottischen Labour Party oder die Aufführung von *Schade, dass sie eine Hure ist* in der Comédie-Française.

Dass Pétronille diesen Moment wählte, um aufzustehen, verriet ihren Sinn für Dramaturgie.

»Die Flasche ist leer«, sagte sie. »Wir könnten zum Friedhof von Montparnasse gehen, das ist gleich am Ende der Straße.«

»Ausgezeichnete Idee«, antwortete ich. »Bestimmt treffen wir dort interessante Menschen.«

Wir hatten allerdings nicht bedacht, dass Pariser Friedhöfe im Winter früh schließen, und standen vor verschlossenen Toren. Also gingen wir durch die Rue Huyghens zurück Richtung Boulevard Raspail. Auf halber Strecke wollte sich Pétronille zwischen den geparkten Autos erleichtern.

»Können Sie das nicht im *Gymnase* tun?«, protestierte ich. »Das sind höchstens noch dreißig Meter.«

»Zu spät. Geben Sie mir Deckung!«

Panik ergriff mich. Worin genau bestand meine Rolle?

Es war dunstig und dunkel. Auf dem Bürgersteig der Rue Huyghens konnte man keine zwanzig Meter weit sehen. In dieser eines Macbeth würdigen Atmosphäre sollte ich die Intimsphäre einer jungen Frau schützen, die aus mir teilweise unbekannten Gründen alle meine Romane gelesen hatte.

Ich spitzte die Ohren, um herannahende Schritte zu hören; nichts war zu vernehmen außer einem nicht enden wollenden Pipiplätschern. Mein Herz pochte laut. Was könnte ich zufällig vorbeikommenden Passanten sagen? »Verzeihung, Madame, Monsieur, meine Freundin musste einem dringenden Bedürfnis nachgeben, es dauert bestimmt nicht lange, könnten Sie sich bitte einen Moment gedulden?« Wie würde diese Ansprache wirken? Das sollte ich allerdings nie erfahren, denn ein paar

Sekunden später endete das Liedchen, und Pétronille tauchte wieder auf.

»Jetzt geht es mir besser.«

»Das freut mich sehr.«

»Tut mir leid, das kommt vom Champagner.«

Das kommt davon, dachte ich auf dem Marsch zur Metrostation Vavin, wo unsere Wege sich trennten, wenn man einem Straßengör einen Roederer spendiert. Pétronille schien zu spüren, dass ich etwas abgekühlt war, sie sagte nicht »Bis bald«.

Kaum war ich allein, tadelte ich mich für meinen Kleinmut. Was war so schlimm daran, zwischen zwei Autos zu urinieren? Warum benahm ich mich, als wäre ich traumatisiert? In Japan würde so etwas natürlich niemandem einfallen. Aber hatte ich das Königreich nicht gerade deshalb verlassen und war nach Frankreich gegangen, weil ich die Freiheit dieses Landes schätzte? »Du bist vielleicht eine Mimose!«, sagte ich mir.

Trotzdem nahm ich zu Pétronille keinen Kontakt mehr auf. Jahre vergingen, ohne dass ich daran dachte, mir einen Saufkumpan oder eine -kumpanin zuzulegen. Das war meine Art, meiner seltsamen nächtlichen Bekanntschaft treu zu bleiben.

Oktober 2001. Ich sah in einer Pariser Buchhandlung die Neuerscheinungen durch, als ich auf

Vinaigre de miel stieß, den ersten Roman einer gewissen Pétronille Fanto.

Ich zuckte zusammen und griff danach. Auf der Rückseite stand: »Der freche Erstling von Pétronille Fanto, 26, einer Expertin für Shakespeares Zeitgenossen«. Daneben ein kleines Autorenfoto in Schwarzweiß – sie hatte sich nicht verändert. Ich lächelte und kaufte das Buch.

Mein Lesezeremoniell ist eigenartig: Ich habe festgestellt, dass ich liegen muss, um die höchste Qualität der Durchdringung zu erreichen, und am besten auf einem weichen Bett. Je bequemer es ist, desto mehr schwindet mein Körperbewusstsein, und desto mehr werde ich eins mit dem Text. Und so geschah es.

Vinaigre de miel las ich in einem Zug. Mit einer gehörigen Portion Dreistigkeit griff die Autorin das Thema von Montherlants *Jungen Mädchen* auf: Ein bekannter Schriftsteller erhält Briefe von verliebten Leserinnen, die er mit einer Mischung aus Gier und Überdruss beantwortet. Hier endet die Ähnlichkeit auch schon, denn während bei Montherlant Costals als Sieger aus der Konfrontation hervorgeht, wird Fantos Schwerin von den jungen Dingern verzehrt.

Montherlant wusste, wovon er sprach, sein Buch war die Frucht seiner Erfahrungen als langjähriger

Erfolgsautor. Bei Pétronille dagegen war es der Erstling. Woher wollte sie wissen, wie Leserinnen ticken? Ohne ihre Begabung wäre dieses Paradox völlig uninteressant gewesen. Aber Pétronille war nicht nur kühn, sondern auch eine Meisterin des Schreibens und Erzählens.

Ja mehr noch: Sie verfügte über eine Bildung, die ihr in Fleisch und Blut übergegangen war. Man merkte ihr die Belesenheit an, aber sie hatte es längst nicht mehr nötig, darauf hinzuweisen. Beweis: Die Anspielung auf Montherlant war für sie offenbar so selbstverständlich, dass sie ihn mit keinem Wort erwähnte – und das in einer Zeit, in der Menschen ihres Alters ihn kaum noch kannten.

Anscheinend ist diese Art höchster Eleganz im Aussterben begriffen. Mir wurde vor vier, fünf Jahren von einer Leserin um die zwanzig Plagiat vorgeworfen. Das schlaue Mädchen hatte herausgefunden, dass der Satz »Denn nur mir selbst erlaub ich, mich zu foppen; ein anderer kommt nicht ungestraft davon« in *Reinheit des Mörders* gar nicht von mir stammt, sondern aus *Cyrano de Bergerac.* »Das haben Sie aber nicht erwähnt …«, schloss sie ihren Brief mit drei anklagenden Auslassungspunkten. Ich war so dumm, dem Fräulein zu antworten, ob es denn irgendjemanden auf der ganzen Welt gebe, der das nicht kenne. Daraufhin erklärte sie mir in spitzem Ton, sie studiere Literaturwissenschaft und sei die Einzige in ihrem Jahrgang, der das aufgefallen sei, deshalb finde sie meine Rechtfertigung keineswegs überzeugend. So gilt heutzutage mangelnde Schulmeisterei bereits als geistiger Diebstahl.

Trotz ihrer Jugend gehörte Pétronille schon zur ersten Schriftstellergarde. Ich freute mich darüber und schrieb ihr auf der Stelle einen enthusiastischen Brief an ihren Verlag. Sie lud mich postwendend zu ihrer Signierstunde ein. Pünktlich zum vorgegebenen Termin betrat ich eine sehr nette Buchhandlung mit dem Namen *Le Merle moqueur* im zwanzigsten Arrondissement.

Ich liebe es, Signierstunden zu besuchen. Es macht Spaß, anderen beim Arbeiten zuzusehen. Außerdem finde ich es spannend zu beobachten, wie meine Kollegen sich dabei anstellen. Da gibt es die Angeber, die kaum einen Blick an die Leser verschwenden, während sie ihre Widmungen schreiben, oder sogar dabei telefonieren, das Handy zwischen Ohr und Schulter geklemmt. Manche wollen es möglichst schnell hinter sich bringen, andere sind noch langsamer als ich – etwa dieser wunderbare chinesische Schriftsteller, der Buchhändler zur Verzweiflung treibt, weil er jedem Leser eine halbe Stunde widmet, um die Kalligraphie zu ersinnen, zu der sein Gegenüber ihn inspiriert. Einige übertreiben, andere geben sich unterwürfig, manche flirten. Es ist ein amüsantes Spektakel.

Bei Pétronille war das Verhalten der Leser auffallend: Alle stutzten bei ihrem Anblick. Wie vor vier Jahren sah sie immer noch wie ein Halbwüchsiger aus. Diese Jugendlichkeit machte sie als Urheberin dieses Romans fast unglaubwürdig.

Sie selbst begegnete den Besuchern mit offener Höflichkeit – besser kann man es nicht machen. Ich musste daran denken, wie sie auf den Bürgersteig der Rue Huyghens gepinkelt hatte, und sah das nun anders: Christopher Marlowe oder Ben Jonson hätten es sicher genauso gemacht. Und was könnte vornehmer sein als die Sitten von Shakespeares Zeitgenossen? Bestimmt hatte sie auch das Halbstarkengebaren mit diesen hinreißenden Schriftstellern gemeinsam; schließlich waren sie alle vor ihrem dreißigsten Jahr bei irgendwelchen blödsinnigen Wirtshausschlägereien ums Leben gekommen. Hatte das nicht sogar große Klasse?

»Amélie Nothomb bei meiner Signierstunde, irre!«, sagte Pétronille, als ich an der Reihe war.

Ich hielt ihr das Buch hin. »Es ist mir ein Vergnügen.«

»Haben Sie Champagner mit?«

»Tut mir leid, daran habe ich nicht gedacht.«

»Schade. Dabei bin ich auf Sie konditioniert wie ein Pawlow'scher Hund: Wenn ich Sie sehe, bekomme ich sofort große Lust auf einen Roederer.«

»Ich lade Sie nachher ein. Irgendwo kriegen wir sicher welchen.«

»Veuve oder Dom sind auch nicht zu verachten.«

»Laurent-Perrier, Moët, Taittinger, Krug und Philipponnat auch nicht«, blätterte ich hin wie einen Straight Flush.

»Okay«, erwiderte sie trocken.

Während sie weitersignierte, las ich, was sie mir auf die Titelseite geschrieben hatte: »Für Amélie Nothomb, Mäzenin«. Dann ihre Unterschrift.

Nachdem sie sich von dem Buchhändler verabschiedet hatte, standen wir auf einer Straße im zwanzigsten Arrondissement.

»Wenn ich Sie richtig verstehe, bin ich Mäzenin, weil ich Künstler, die ich bewundere, zum Trinken einlade?«, fragte ich.

»Ja. Essen wäre auch nicht schlecht.«

Ich ging mit ihr ins *Beaubourg*, mein Stammcafé. Und wies vorsorglich darauf hin, dass es in dem Lokal Toiletten gab.

»Sind Sie aber verklemmt!«, rief sie aus.

Es wurde ein sehr angenehmer Abend. Pétronille erzählte mir von ihren letzten vier Jahren. Während sie an dem Buch schrieb, verdiente sie ihren

Lebensunterhalt als Aufsicht in einem privaten Lycée. Ein Abiturient nannte sie »Proll«, sie ihn »Bürgersöhnchen«. Der arme Kleine beklagte sich darüber bei Mama und Papa, die darauf bestanden, dass sich die Subalterne bei ihrem Engel entschuldigte. Pétronille argumentierte, »Bürgersöhnchen« sei ebenso wenig eine Beleidigung wie »Proll«, sondern die Feststellung einer Tatsache, von der sich niemand gekränkt fühlen könne. Trotzdem wurde sie von der Direktorin entlassen. »Eine Woche später hatte ich einen Verlag für mein Buch gefunden.«

»Exzellentes Timing.«

»Es läuft ganz gut. Aber Sie können mich gern zu Ihren mondänen Empfängen mitnehmen, in Ihren Kreisen bin ich fast unbekannt.«

»Ich glaube, Sie machen sich falsche Vorstellungen von meinem Leben.«

»Kommen Sie, Sie sind jung und berühmt, Sie werden doch überall eingeladen.«

»Jung? Ich bin vierunddreißig.«

»Gut, dann alt und berühmt.«

Ich wurde in der Tat überall eingeladen, sagte aber immer ab. Ob solche Veranstaltungen mit Pétronille zusammen weniger langweilig wären?

»Ende des Monats gibt es nachmittags eine Champagnerverkostung im *Ritz.*«

»Ich bin dabei.«

Ich lächelte. Schließlich hatte ich von Anfang an vorgehabt, Pétronille zu meiner Saufkumpanin zu machen. Nun nahm die Idee Gestalt an.

Am besagten Tag erwartete mich Pétronille vor dem *Ritz*, wie üblich in Jeans, Lederjacke und Doc Martens. Ich trug ein Fin-de-Siècle-Tempelritter-Habit.

»Neben Ihnen wirke ich wie ein Hooligan«, sagte sie.

»Das ist doch gut«, erwiderte ich.

Die Salons des *Ritz* waren von alten Fregatten verseucht, die meine Freundin voll Abscheu von Kopf bis Fuß musterten. Diese Unverschämtheit war mir so peinlich, dass ich zurückwich.

»Sollen wir wieder gehen?«, fragte Pétronille.

»Kommt nicht in Frage.«

Schließlich waren wir wegen des Champagners da. Es gab mehrere Tische mit verschiedenen Marken. Wir begannen mit einem Perrier-Jouët. Der Mundschenk trug eine vielversprechende kurze Laudatio vor. In solchen Fällen lasse ich mich von einer Predigt gern konvertieren.

Der Champagner schmeckt bei derartigen Veranstaltungen fast noch besser als sonst. Je widriger die Umgebung, desto mehr wird er zur Oase. Das hat man zu Hause nicht.

Das erste Glas war ein Genuss.

»Nicht schlecht, Ihr Gesöff«, sagte Pétronille zu dem Mundschenk.

Der lächelte wohlwollend. Alle Mundschenke, die ich kenne, sind bezaubernde Menschen. Ich weiß nicht, ob ihr Beruf sie dazu macht oder ob dieser ein solches Wesen voraussetzt. An jenem Tag im *Ritz* waren die Mundschenke jedenfalls die Einzigen, mit denen man etwas zu tun haben wollte.

Wenn wir durch die Räume streiften, hielten mich gelegentlich Damen mit Haarreif fest, um mir glucksend zu eröffnen, dass sie mich im Fernsehen gesehen hätten. Mehr hatten sie mir nicht zu sagen, aber das ausführlich.

»Darf ich Ihnen Pétronille Fanto vorstellen«, unterbrach ich sie dann, »eine begabte junge Autorin.«

Da erstarrten diese Schrumpfkopfkreaturen auf einmal. Ihr schwärmerischer Gesichtsausdruck mir gegenüber wurde zu einer verächtlichen Grimasse für den Flegel, den ich ihnen vorzustellen wagte. Und plötzlich hatten sie irgendwo anders eine höchst wichtige Mission zu erfüllen. Pétronille streckte allen offen die Hand entgegen, und manche nahmen sie unverschämterweise nicht einmal an.

»Rieche ich irgendwie schlecht?«, fragte mich Pétronille mit einer Empörung, die ich teilte.

»Ich möchte mich in aller Form bei Ihnen entschuldigen«, sagte ich. »So viel Unhöflichkeit habe ich hier nicht erwartet.«

»Sie können ja nichts dafür. Ich bin froh, hier zu sein, wirklich. Das muss man sehen, um es zu glauben.«

»Wenigstens verachtet der Champagner Sie nicht. Probieren wir den Jean-Josselin.«

Der erwies sich als ganz ausgezeichnet. Nach meiner Kenntnis ist dies der einzige Champagner, der nach Hefe schmeckt – ein Wunder.

Da wir den Haarreifen aus dem Weg gingen und uns mehr auf die Degustation konzentrierten, waren wir bald betrunken. Das macht mich vergnügt und übermütig, wenn ich in Gesellschaft bin. Das anwesende Publikum allerdings verdiente meine gute Laune nicht, also plauderte ich fröhlich mit den Mundschenken und vertraulich mit Pétronille.

Diese wurde im Stadium fortgeschrittener Trunkenheit immer rebellischer. Sie hörte kaum zu, wenn ich etwas sagte, und gab nur noch bittere Kommentare zu ihrer Umgebung ab. Unser Gespräch verlief ungefähr so:

»Ich halte es für eines der wichtigen Ziele im Leben, in schönen Städten nachts beschwipst zu sein.«

»Was für ein Haufen von Schreckschrauben!«

»Es gibt etwas zu knabbern am Buffet, aber ich würde es Ihnen nicht empfehlen. Meine Schwester Juliette behauptet zu Recht, dass Wein dem Essen zuträglich ist, aber niemals umgekehrt. Das macht die verabscheuungswürdige Spezies der Connaisseurs natürlich rasend. Aber ich habe es immer wieder festgestellt: Ein Bissen, und schon verliert das Trinken seine Magie.«

»Wenn die mich noch länger so anglotzt, trete ich ihr in die Fresse.«

»Ich habe nichts gegen ein gutes Essen, aber ich finde, man sollte sich erst zu Tisch setzen, wenn man keinen Schluck mehr trinken kann. Was die Sache natürlich erheblich verzögert.«

»Aber ist sie es wert, dass ich den Fuß gegen sie erhebe? Eher nicht.«

»Manchmal habe ich das Essen so weit hinausgeschoben, dass ich nicht mehr konnte. Aber es ist auch großartig, betrunken auf ein weiches Sofa zu fallen. Man muss sich nur angewöhnen, von vornherein den Platz zu erkunden, auf den man später fallen will. Das *Ritz* ist dafür nicht ideal. Ich werde fortan darauf achten, nur noch Einladungen in Räumlichkeiten anzunehmen, die für ein wollüstiges Niedersinken geeignet sind.«

»Ich frage sie einfach, ob sie ein Foto von mir will.«

Mechanisch ging ich neben Pétronille her und schwadronierte weiter vor mich hin. Ich konnte mir nicht vorstellen, dass sie das wirklich tun würde.

»Wie bitte?«, schnappte die Dame.

»Geben Sie mir Ihre Adresse, und ich schick Ihnen eins. Ich verstehe Sie ja. So ein echtes Prollfoto ist für Leute wie Sie doch Exotik pur.«

Die erschrockene Dame sandte mir flehende Blicke zu, als wollte sie mich zu Hilfe rufen. Ich beschränkte mich auf meine soziale Rolle:

»Gnädige Frau, darf ich Ihnen Pétronille Fanto vorstellen, eine junge Autorin, die ich sehr bewundere. Ihr erster Roman, *Vinaigre de miel*, sprüht vor Talent.«

»Sehr interessant! Ich werde ihn mir kaufen«, stammelte sie.

»Sehr gut, auf der Rückseite ist ein Foto von mir. Da können Sie mich dann weiter so besoffen anglotzen.«

Ich fand die Pointe ausgezeichnet und nahm Pétronille am Arm. Sie war so geladen, dass sie, wenn ich sie nicht zurückgehalten hätte, pausenlos Gift verspritzt hätte.

Wir probierten einen anderen Champagner. Angesichts meines Zustands würde ich lügen, wenn ich behauptete, mich an den Namen zu erinnern. Aber er war exzellent und wurde uns mit großer

Freundlichkeit kredenzt. Pétronille war nicht mehr recht bei der Sache; statt mit nachdenklicher Miene einen Schluck zu nehmen, um alle Nuancen auszukosten, kippte sie das Glas in einem Zug hinunter, hielt es dem Mundschenk hin und rief: »Ebbe!«

Mit einem charmanten Lächeln füllte er es wieder auf. Eine Eingebung sagte mir, dass seine guten Manieren ein gewisses Risiko darstellten: Wenn es so weiterginge, würde Pétronille bald die Flasche verlangen, um daraus zu trinken, und er würde sie ihr reichen, ohne mit der Wimper zu zucken.

»Die Atmosphäre wird ein bisschen drückend, finde ich«, sagte ich mit gedämpfter Stimme. »Wollen wir gehen?«

Das hätte ich nicht tun sollen.

»Sie finden die Atmosphäre hier drückend?«, rief Pétronille sehr laut. »Ich nicht, mir wird allmählich warm, Ihnen nicht?«

Alle Blicke wandten sich uns zu. Mit feuerroten Wangen versuchte ich, meine Freundin Richtung Ausgang zu zerren. Doch das erwies sich als problematisch. Sie sperrte sich, es reichte nicht, sie an der Hand zu ziehen. Am Ende musste ich sie schieben wie ein Möbel.

»Aber ich hab noch nicht alle Champagner durch!«, protestierte sie.

Die frische Luft vor dem *Ritz* machte uns einen

Hauch nüchterner. Ich seufzte vor Erleichterung, Pétronille nörgelte: »Ich hab doch gerade erst angefangen, mich zu amüsieren.«

»Betrunken durch die schönen Viertel von Paris zu spazieren ist wunderschön.«

»Das nennen Sie ein schönes Viertel?«, schrie sie und betrachtete voller Verachtung die Place Vendôme.

»Dann zeigen Sie mir doch das Paris, das Sie lieben«, antwortete ich.

Der Auftrag verführte sie. Sie nahm mich am Arm und schleppte mich Richtung Tuilerien, dann zum Louvre (»Na ja, geht so«, räumte sie ein). Wir gingen über den Pont du Carrousel (»Als Fluss ist die Seine echt perfekt«, erklärte sie) und marschierten sportlichen Schritts den Quai entlang, überquerten die Place Saint-Michel und standen schließlich vor einer Buchhandlung, die aussah, als wäre sie einem Roman von Dickens entsprungen. *Shakespeare and Company*, stand auf dem Schild.

»So, da sind wir«, verkündete sie.

Ich hatte noch nie von diesem Laden gehört. Entzückt betrachtete ich das Äußere und das Innere: Durch das Schaufenster sah man wie in einem Zauberbuch Leseratten, die sich durch nichts aus ihrer Lektüre reißen ließen, und eine junge blonde Buchhändlerin mit Porzellanteint, so hübsch und anmutig, dass man bei ihrem Anblick zu träumen vermeinte.

»Für Sie muss alles mit Shakespeare zu tun haben«, stellte ich fest.

»Gibt es etwas Besseres?«

»Nein. Aber was Sie an Paris lieben, hat nichts Pariserisches an sich.«

»Wie man's nimmt. Nicht einmal in Stratford-upon-Avon würden Sie etwas finden, was mit dieser Buchhandlung vergleichbar wäre. Aber wenn es unbedingt was Superpariserisches sein muss, zeig ich Ihnen das auch noch.«

Mit der Sicherheit eines Sherpas manövrierte sie mich durch die Gassen des fünften Arrondissements. Irgendwann begriff ich, wohin sie mich führte.

»Die Arena von Lutetia!«, rief ich aus.

»Ich liebe sie. Sie ist so anachronistisch. In Rom wäre eine solche Stätte so gewöhnlich, dass man sie gar nicht bemerken würde. In Paris dagegen, wo die Antike immer vergraben ist, tut es wohl, ein Zeugnis aus der Zeit zu betrachten, als wir Lutetier waren.«

»Das trifft vielleicht auf Sie zu. Ich komme aus dem kriegerischen Gallien, dem einzigen Land der Welt, dessen Name ein substantiviertes Adjektiv ist.«

Ehrfürchtig besichtigten wir die Arena. Es herrschte eine Grabesstille.

»Ich fühle mich ganz gallo-romanisch«, verkündete Pétronille.

»Nur heute Abend oder generell?«

»Sie sind nicht normal«, erwiderte sie lachend.

Ich verstand nicht genau, was sie meinte, und wechselte das Thema.

»Pétronille ist doch die weibliche Form von Petronius. Dann sind Sie also eine kleine Kennerin feiner Genüsse.«

»Wie kommen Sie auf klein?«

Über ihre einssechzig durfte man keine Witze machen.

DORIS DÖRRIE

Meine Freundin

Meine Freundin rief mich an, komm schnell, sagte sie. Ihr Freund Karl lag unter dem Weihnachtsbaum. Ich kann nicht anders, sagte er und grinste, die andere vögelt einfach besser, so ist es nun mal. O Gott, sagte meine Freundin zu mir, hörst du das? Hast du das gehört?

Ich war schwanger, meine Freundin verband mir die Augen und führte mich zu zwei Stühlen mit Kissen, setz dich, sagte sie, vorsichtig setzte ich mich. Sie klatschte in die Hände und rief, es wird ein Mädchen, hurra! Unter dem Kissen, auf das ich mich gesetzt habe, lag eine Schere. Unter dem anderen ein Messer.

Meine Freundin fuhr in seinem Auto an mir vorbei, sie hielt mitten auf der Straße an, sprang heraus, lief auf mich zu, ihre Augen weit aufgerissen, ihre Haare wehten hinter ihr her.

Wir heiraten!, rief sie. Stell dir vor, wir heiraten!

Wir saßen zusammen auf einem Spielplatz, mein Kind grub im Sand. Ich mache jetzt eine Atemtherapie, sagte meine Freundin. Ich habe festgestellt, dass ich meine Mutter hasse.

Das weißt du doch schon lange, sagte ich und stand auf, um meinen Sohn auf die Wippe zu heben.

Ja, sagte sie, aber nicht mit dieser Heftigkeit. Wenn ich atme, fange ich ganz plötzlich an zu schluchzen, so wie in meiner Kindheit, genauso.

Was hasst du an deiner Mutter?, fragte ich und zitterte beim Gedanken, dass mein Kind mich einmal so hassen könnte.

Sie hat uns einfach nicht wahrgenommen, sagte meine Freundin, es gibt Fotos von ihr, wie sie mit einer Zigarette in der Hand auf der Terrasse sitzt und in die Ferne starrt, und hinter ihr kriechen drei Kinder im Gras herum. Mit zwei Jahren bin ich aus dem Haus gelaufen, die Straße hinunter, und sie hat es erst eine Stunde später bemerkt.

Vielleicht war sie überfordert, sagte ich und trug mein Kind zur Schaukel.

Vielleicht, sagte meine Freundin, aber dann hätte sie uns nicht haben sollen. Sie ist mein eigentliches Problem, ich schätze, deshalb wollte ich mit Karl keine Kinder. Nein, eigentlich war es Karl, der keine Kinder wollte … er wollte nicht abhängig sein, du kennst ihn ja.

Was sie weiter sagte, verstand ich nicht, denn ich musste mein Kind auf der Schaukel anschubsen, siebenundneunzigmal. Back noch einen Kuchen, sagte ich zu meinem Kind und setzte mich neben meine Freundin auf die Bank.

Jetzt erzähl noch mal genau, sagte ich.

Ach, sagte meine Freundin, es interessiert dich ja doch nicht.

Doch, sagte ich, doch, ganz bestimmt. Als ich mich umblickte, war mein Kind verschwunden. Wir fanden es wieder im Wohnzimmer fremder Leute, es war durch die Terrassentür hereingekommen, es saß auf einer Ledercouch neben einer Frau in einem Kleid mit Sonnenblumenmuster, es wirkte glücklich.

Meine Freundin ist Schauspielerin, aber keine besonders gute. Sie spielt in Fernsehserien meistens die beste Freundin der Hauptdarstellerin, und das bekümmert sie. Sie ruft mich an, wenn sie im Fernsehen zu sehen ist, und wenn es vorbei ist, ruft sie mich wieder an.

Na?, sagt sie.

Du warst gut, wie immer, sage ich.

Na ja, sagt sie, es war eine beschissene Rolle.

Sie hat mir beigebracht, wie man einen Rostbraten macht und dass man schneller abnimmt, wenn man in der Früh Ananassaft trinkt.

Wir kennen uns seit fast zwanzig Jahren. Als ich sie kennenlernte, war sie immer gut gelaunt und lachte ein bisschen zu viel und zu laut. Sie trug bunte, ausgeflippte Kleider, gestreifte und gepunktete Muster zusammen, in Rot und Rosa, Grün und Blau, als es sonst noch niemand tat, sie hatte als Einzige einen festen Freund. Sie wohnte allein mit Karl in einer eigenen Wohnung, als ich noch in Wohngemeinschaften hauste. Sie besaß eine Waschmaschine, einen Esstisch und eine Salatschleuder. Sie war politisch aktiv und ich nicht. Sie demonstrierte immer noch, als es sonst niemand mehr tat.

Meine Freundin rief mich an, komm schnell, sagte sie, komm schnell.

Karl, früher ihr Freund, jetzt ihr Ehemann, saß auf der Couch, der Fernseher lief.

Es tut mir leid, sagte er, es hat halt nicht funktioniert.

Dieselbe Frau?, fragte ich meine Freundin. Sie nickte.

Was wirst du tun?, fragte ich ihn. Meine Freundin heulte.

Ich werde ausziehen, sagte er, gleich morgen.

Tagelang ging sie nicht ans Telefon. Ich hinterließ lange Nachrichten auf ihrem Anrufbeantworter. Er ist ein Schwein, sagte ich, er ist deiner nicht wert, er soll hingehen, wo der Pfeffer wächst, du hast das nicht nötig. Ich könnte ihn verprügeln, dieses Schwein, dieses Schwein. Was denkt er sich dabei? Das kann er mit dir nicht machen. Du wirst sehen, er kommt wieder angewinselt, wenn es ihm langweilig wird im Bett mit der andern.

Sie rief nicht mehr an. Ich ging zu dem Haus, in dem sie wohnte, die Scheiben waren schwarz zugemalt.

Nach langem Klingeln öffnete sie mir schließlich, sie trug Schwarz, die Wohnung sah aus wie ein Trümmerfeld. Mit schwarzem Autolack hatte sie alles besprüht, was ihm gehörte, seine Anzüge, seinen Fernseher, seine Bücher, selbst sein Lieblingsjoghurt im Kühlschrank, das sie noch für ihn gekauft hatte.

Er ist erst heute früh gegangen, sagte sie, er hat all deine Nachrichten auf dem Anrufbeantworter gehört.

Wir lachten hysterisch, wir fingen beide wieder an zu rauchen, obwohl wir vor Jahren aufgehört hatten.

Jetzt bin ich alt und allein, sagte sie, und er ist jung und nicht allein.

Blödsinn, sagte ich.

Dabei sind wir gleich alt, sagte sie, ist das nicht seltsam?

Als Studentin ging meine Freundin drei Monate als Au-pair-Mädchen nach England. Ich werde nie Kinder haben, schrieb sie mir, du glaubst nicht, wie langweilig sie sind. Sie erzählte mir von der Mutter, die ging vormittags Golf spielen, und nachmittags weinte sie hinter verschlossenen Türen.

Einmal war sie zu mir, in mein winziges Zimmer gezogen, sie hatte sich mit Karl gestritten, das war ganz am Anfang. Sie schlief, ohne sich zu bewegen, und wenn sie morgens aufwachte, war sie hellwach. Darum beneidete ich sie. In einer Ecke des Zimmers breitete sie sorgfältig die wenigen Dinge aus, die sie mitgebracht hatte, sie feilte sich jeden Tag die Nägel und cremte sie sich ein.

Meine Freundin schleppte mich mit zu ihrer Yogalehrerin, diese Frau hat mich gerettet, sagte sie zu mir, ich wüsste nicht, wo ich ohne sie wäre.

Die Yogalehrerin lächelte milde, sie war mindestens fünfundsechzig Jahre alt und trug einen weißen Bodystocking, an den Füßen selbstgehäkelte Slipper und um die Schultern ein Dreiecktuch aus dem gleichen Material. Ich bin eine alte Frau, sagte sie zu mir, aber ich werde physisch jedes Jahr ein Jahr jünger.

Das klingt gut, sagte ich.

Yoga, sagte sie. Sie bestand nur aus Sehnen, Knochen und Haut, ein kleines Bäuchlein saß auf ihrem Mittelteil wie eine im fünften Monat steckengebliebene Schwangerschaft.

Schließen Sie die Augen, atmen Sie tief ein, bis zur Schädeldecke, bis zum Kopf, sagte sie, atmen Sie aus, was Sie dem Wesen nach sind.

Ich wusste nicht, was ich bin.

Jedes Stück Fleisch, das Sie essen, ist ein Verbrechen, sagte sie, jede Krankheit ist ein Ernährungsfehler.

Meine Freundin nickte. Sie konnte bereits den Kopfstand.

Manchmal halte ich meine Freundin für nicht besonders intelligent.

Ich sah Karl auf der Straße mit einer dünnen kleinen Frau, er schob einen Buggy, darin saß ein dickes Kind mit buntem Schnuller.

Oh, hallo, sagte er, wie geht's?

Gut, sagte ich, ich glaube, gut.

Meiner Freundin erzählte ich nichts davon.

Nach Karl verliebte sie sich nacheinander in einen deutschen Konditor, einen fünfundzwanzigjährigen italienischen Rocksänger, einen türkischen Weltmeister im Kickboxen.

Der Kickboxer gefiel mir am besten, er hatte lange, immer frisch gewaschene Haare und konnte sehr komisch sein. Er liebte meine Freundin zärtlich, aus seinem schwarzen Mercedes rief er sie von überallher an.

Sie trennte sich von ihm, weil er nicht auf ihrem intellektuellen Niveau war, wie sie sagte.

Du bist blöd, sagte ich.

Einmal war sie mit Karl zu meinem Mann und mir zum Abendessen gekommen. Die Männer schwiegen sich an, meine Freundin und ich sprachen mit hoher Stimme über Dinge, über die wir sonst nie sprachen. Die Spargel waren bitter und der Schinken zu salzig. Das erwähnte niemand.

Als ich mich mit Anfang zwanzig unglücklich verliebt hatte, trafen wir uns jeden Vormittag bei ihr in der Wohnung, und ich weinte. Sie gab mir Tee und nichts zu essen. Sie hörte mir zu und sagte nicht: Verlass diesen Mann. Dafür liebte ich sie.

Wir saßen an einem See und sahen meinem Sohn zu, wie er planschte. Kinder mit bunten Schwimmflügelchen umschwirrten uns wie Insekten. Ein Radio neben uns plärrte laut *Je t'aime*. Wir sangen und keuchten beide mit: »Je vais et je viens entre tes reins – viens, maintenant viens!« Wir wälzten uns vor Lachen auf unseren Handtüchern. Die Mütter neben uns pusteten Schwimmflügel auf, cremten ihre Kinder ein und blätterten in der FREUNDIN.

Ich möchte auch ein Kind, sagte meine Freundin. Dann sagte sie: Karl hat mich angerufen und mir gesagt, wie sehr er mich vermisst, vor allem unsere Gespräche … Er hat mit ihr ein Kind, stell dir vor.

Das darf doch nicht wahr sein, sagte ich.

Und mir hat er immer erzählt, er wolle kein Kind, niemals, auf keinen Fall. Sie fing an zu weinen, stand auf und lief ins Wasser. Ich sah ihr nach, sie hat noch eine viel bessere Figur als ich, sie ist keine Mutter, dachte ich.

Wir machten zusammen Diät, als wir noch jung und schön waren. Wir aßen vier Wochen lang Spirulina, kleine grüne Pillen, die nach Moos rochen und muffig schmeckten.

Einmal verbrachte ich eine Nacht mit einem wildfremden Mann, und als ich am Morgen sein Haus verließ, lief ich sofort zu meiner Freundin und erzählte ihr von seinen wundersamen, außerordentlichen Fähigkeiten. Mein Körper glühte noch nach wie eine heiße Herdplatte. Sie ging im Bademantel frisch geduscht und kühl in der Küche auf und ab, Karl war gerade zur Arbeit gegangen, sie hörte mir abwesend zu, dann zeigte sie mir ihre neue Espressomaschine.

Ich bin keine gute Schauspielerin, sagte meine Freundin, sag mir die Wahrheit!

So ein Quatsch, sagte ich, du bist phantastisch, wirklich wahr.

Sie sah mich misstrauisch an.

Sagst du mir auch wirklich die Wahrheit?, sagte sie.

Na, hör mal.

Ich wollte nicht wissen, wer ich in einem vergangenen Leben war, aber sie redete so lange auf mich ein, bis ich schließlich mitging.

Die Hellseherin sah aus wie die verarmte Zwillingsschwester von Liz Taylor, sie hatte ihre schwarz gefärbten Haare zu einem riesigen Nest aufgetürmt, das sich bei keiner Bewegung auch nur im Geringsten bewegte. Sie trug goldene Ohrringe, ein getigertes glänzendes Hemd und eine getigerte Hose. Ihr Freund, ein ägyptischer Geschäftsmann im dreiteiligen Anzug, saß auf der ebenfalls getigerten Couch. Wenn Sie wollen, geht er, sagte Liz Taylor die Zweite.

O nein, sagten meine Freundin und ich wie aus einem Munde, er stört überhaupt nicht.

Er ist eine Reinkarnation von Alexander dem Großen, sagte Liz II., deshalb ist er oft so unruhig, dann muss er wieder verreisen. Ich weiß das und lasse ihn ziehen, darin liegt das Geheimnis einer guten Beziehung. Haben Sie etwas verloren, ein Portemonnaie, Ihre Brieftasche?, fragte sie mich.

Nein, antwortete ich, um mich geht es hier nicht, sondern um meine Freundin.

Als sie meiner Freundin über ihre Reinkarnation erzählte, musste ich das Zimmer verlassen. Alexander der Große durfte bleiben.

Ich habe Karl als meinen Freund betrachtet, sagte meine Freundin, das war ein Fehler. Vielleicht hat Sex doch nichts mit Liebe zu tun. Je fremder man sich ist, umso aufregender ist es, weil ein fremder Körper ein unschuldiger Körper ist. Wenn man den Körper des anderen ständig vor Augen hat, wird er einem peinlich in all seiner erbärmlichen Alltäglichkeit. Aber ich bin auch faul geworden. Dieser Umstand! Diese Anstrengung! Gibt es nicht stattdessen was Schönes im Fernsehen? Das habe ich oft gedacht, wirklich. Denkst du das nie?

Doch, sagte ich, doch.

Siehst du, sagte sie.

Meine Freundin ohrfeigte einen Kritiker auf offener Straße. Er hatte über sie geschrieben, sie habe keinerlei Ausstrahlung und den Sexappeal eines Dachgepäckträgers.

Diese Ohrfeige kostete sie über eintausend Mark Strafe und machte sie kurzfristig berühmter als all ihre Rollen.

Sie lieh mir großzügig ihre Kleider, ich ihr meine nie. Ihre Kleider rochen immer nach *Ma Griffe*, leicht und lustig.

Als Karl sie verließ, wechselte sie zu einem schweren, süßen Duft, der mich immer ein wenig an eine katholische Kirche erinnerte. Sie färbt sich die Haare nicht mehr. Ich wusste gar nicht, dass ich schon so viele graue Haare habe, sagte sie, aber oben auf dem Kopf stören sie mich nicht, wenn man erst unten grau wird, dann ist man alt. Da werde ich wieder anfangen, mir die Haare zu färben, das sage ich dir.

Einmal rief ich sie an, komm schnell, sagte ich, komm schnell, sonst verlasse ich meine Familie und komme nie mehr zurück.

Red keinen Blödsinn, sagte sie, das machst du ja doch nicht, ich komme nach meiner Atemtherapie.

Als sie dann vor der Tür stand, war scheinbar alles bereits vergessen, meine Tränen waren getrocknet, nur meine Haut im Gesicht spannte noch ein wenig. Siehst du, sagte sie.

Dafür hasste ich sie.

Meine Freundin und ich saßen an ihrem Tisch, sie hatte meinen Sohn auf dem Schoß, auf der geblümten Tischdecke Teller mit Käsekuchen, Schwarzwälder Kirsch und Mokkasahne, in der Mitte des Tisches der Schwangerschaftstest. Stumm sahen wir zu, wie der kleine Plastikstreifen sich rosa verfärbte.

Ich gratuliere dir, sagte sie und sprang auf, um mich zu umarmen.

O Gott, stöhnte ich, alles noch einmal von vorn.

Es ist nicht fair, sagte sie, du darfst zweimal und ich keinmal.

Sag das nicht, du wirst sehen …

Sie sah mich an und strich sich die grauen Haare mit zwei schnellen, harten Bewegungen aus dem Gesicht.

Nichts wird sein, sagte sie. Ich muss mich endlich daran gewöhnen. Nichts wird sein.

Ich nahm sie in den Arm. Sie fühlte sich weich an, weicher als früher. Glaub bloß nicht, dass ich heule, sagte sie, Liz die Zweite hat mir gesagt, ich sei die Reinkarnation eines Delphins.

Sie verliebte sich in einen Bankfilialleiter aus Bad Tölz, von da an trug sie Dirndl, ich erkannte sie kaum wieder.

Wie kannst du nur?, fragte ich sie.

Die Liebe, grinste sie.

Ich weiß nicht mehr, wer du bist, beklagte ich mich.

Es ist doch bloß ein Kleid, sagte sie. Und wenn wir bei seinen Eltern sind, gehöre ich sofort dazu.

Als der Bankfilialleiter sie wegen einer Kassiererin aus der eigenen Bank sitzenließ, lud sie mich zu einem Picknick in eine Kiesgrube ein. Es gab Champagner, und wir verbrannten die Dirndl.

Auf Gomera, in den Ferien mit meinen beiden Kindern, sah ich eine Frau am Strand, sie war um die vierzig, ihre tiefgebräunte Haut straff über ihre Knochen gespannt wie über eine Trommel, ihr Körper bereit zum Sprung. Sie trug ein zerknittertes Kleid, hatte einen zusammengerollten Schlafsack dabei und eine alte, zerfetzte Tasche. Aus kleinen Gläsern trank sie Carlos Primero, aus ihrer Tasche holte sie eine gelbe Schwimmweste mit dem Aufdruck: Please don't remove from aircraft. Sie streifte die Weste über ihr Kleid und saugte abwesend an dem Luftstutzen. Sie hob den Kopf und sah über das Meer. Laut, und zu niemand Bestimmtem, sagte sie: Ihr Arschlöcher! Sie erinnerte mich an meine Freundin. Dafür schämte ich mich.

ELENA FERRANTE

Lila, der Tunnel, das Meer

Kurz vor der Abschlussprüfung an der Grundschule trieb Lila mich dazu, wieder eine von den vielen Sachen zu tun, die ich mich allein niemals getraut hätte. Wir beschlossen, die Schule zu schwänzen, und überschritten die Grenzen des Rione.

Das war noch nie vorgekommen. So weit ich zurückdenken konnte, hatte ich mich nie von den weißen, vierstöckigen Häusern entfernt, von unserem Hof, von der Kirche, vom Park, und ich hatte auch nie den Impuls verspürt, es zu tun. Ständig fuhren Züge im umliegenden Brachland vorbei, Autos und Lastwagen fuhren den Stradone hinauf und hinunter, und doch kann ich mich nicht entsinnen, mich selbst, meinen Vater oder unsere Lehrerin nur ein einziges Mal gefragt zu haben: »Wohin fahren die Autos, die Lastwagen, die Züge, in welche Stadt, in welche Welt?«

Auch Lila schien sich nie besonders dafür interessiert zu haben, aber diesmal organisierte sie alles. Sie sagte, ich solle meiner Mutter erzählen, wir würden nach dem Unterricht alle zu einem Schuljahresabschlussfest zur Maestra nach Hause gehen, und als ich sie daran erinnerte, dass noch nie eine Lehrerin alle Mädchen zu einem Fest eingeladen hatte, entgegnete sie, dass wir das genau deshalb behaupten müssten. Es werde so außergewöhnlich klingen, dass unsere Eltern nicht die Unverfrorenheit besitzen würden, in der Schule nachzufragen, ob das auch wahr sei. Wie immer vertraute ich ihr, und es lief genauso, wie sie es vorhergesagt hatte. Bei mir zu Hause glaubten es alle, nicht nur mein Vater und meine Geschwister, sondern auch meine Mutter.

In der Nacht davor tat ich kein Auge zu. Was war jenseits des Rione, jenseits seiner nur allzu bekannten Grenzen? Hinter uns ragten ein dicht bewaldeter Hügel und ein paar vereinzelte Gebäude direkt an den glänzenden Gleisen auf. Vor uns, jenseits des Stradone, erstreckte sich eine Straße voller Schlaglöcher, die an den Teichen entlangführte. Trat man aus dem Tor, dehnte sich rechts ein Streifen baumlosen Brachlands unter einem riesigen Himmel. Links lag ein Tunnel mit drei Eingängen, und wenn man zu den Bahngleisen hinaufkletterte, sah man hinter einigen niedrigen Häusern, hinter Tuffsteinmauern und dichtem Grün, einen himmelblauen Berg mit einem kleineren und einem höheren Gipfel, der Vesuv hieß und ein Vulkan war.

Lila sagte, genau in Richtung des Vesuvs liege das Meer. Ihr Bruder Rino, der schon dort gewesen war, hatte ihr versprochen, sie einmal mitzunehmen.

Lila, die das Meer überhaupt nicht kannte, überredete mich, mitzukommen. Morgen.

Ich stand früh auf und verhielt mich so, als müsste ich zur Schule gehen. Brotsuppe mit heißer Milch, Ranzen, Schulkittel. Wie immer wartete ich am Tor auf Lila, nur dass wir, anstatt nach rechts zu gehen, den Stradone überquerten und uns nach links wandten, zum Tunnel.

Es war früh am Morgen und schon heiß. In der Luft lag ein starker Geruch nach in der Sonne vertrocknender Erde und Gras. Wir kletterten zwischen hohen Sträuchern auf unübersichtlichen Wegen zu den Schienen hinauf. An einem Strommast zogen wir uns die Schulkittel aus und stopften sie in unsere Ranzen, die wir im Gebüsch versteckten. Dann liefen wir durch das Brachland, wir kannten es gut, und sausten wie im Flug einen Abhang hinunter, der uns direkt zum Tunnelanfang führte. Der rechte Eingang war pechschwarz, noch nie hatten wir diese Finsternis betreten. Wir nahmen uns bei der Hand und gingen los. Es war ein langer Weg, die lichte Rundung des Ausgangs schien weit weg zu sein. Wir waren verstört vom Widerhall unserer Schritte, und als wir uns an die Dunkelheit gewöhnt hatten, entdeckten wir die Rinnsale silbrigen Wassers an den Wänden, die großen Pfützen. Äußerst angespannt setzten wir unseren Weg fort. Dann stieß Lila einen Schrei aus und lachte darüber, wie laut er explodierte. Sofort schrie auch ich und lachte ebenfalls. Nun schrien wir in einem fort, zusammen und einzeln: Lachen und Schreie, Schreie und Lachen, aus purem Spaß daran, sie dermaßen verstärkt zu hören. Die Anspannung ließ nach, die Reise begann.

Vor uns lagen viele Stunden, in denen niemand aus unseren Familien uns suchen würde. Wenn ich an das Vergnügen denke, frei zu sein, denke ich an den Beginn dieses Tages, an den Moment, als wir aus dem Tunnel kamen und uns auf einer bis zum Horizont schnurgerade verlaufenden Straße befanden, auf der Straße, auf der man nach dem, was Rino Lila erzählt hatte, ans Meer gelangte, wenn man ihr bis zum Ende folgte. Mit Freude fühlte ich mich dem Unbekannten ausgesetzt. Die Sonne war verhangen, und ein starker brenzliger Geruch lag in der Luft. Lange wanderten wir an eingestürzten, von Unkraut überwucherten Mauern entlang, an niedrigen Häusern, aus denen Stimmen im Dialekt drangen und manchmal Geschrei. Wir sahen ein Pferd, das vorsichtig eine Böschung hinunterstieg und wiehernd die Straße überquerte. Wir sahen eine junge Frau auf einem kleinen Balkon, die sich mit einem Läusekamm durchs Haar fuhr. Wir sahen viele rotznäsige Kinder, die aufhörten zu spielen und uns drohende Blicke zuwarfen. Wir sahen auch einen dicken Mann im Unterhemd, der aus einem verfallenen Haus auftauchte, seine Hosen aufknöpfte und uns seinen Penis zeigte. Aber nichts davon erschreckte uns. Enzos Vater, Don Nicola, ließ uns manchmal sein Pferd streicheln, die Kinder waren auch auf unserem Hof bedrohlich, und der alte Don Mimì zeigte uns sein widerliches Ding jedes Mal, wenn wir aus der Schule kamen. Wenigstens drei Stunden lang unterschied sich die Straße, auf der wir gingen, nicht von dem Teilstück, auf das wir jeden Tag schauten. Ich fühlte mich keinen Augenblick dafür verantwortlich, den richtigen Weg zu finden. Wir hielten uns bei der Hand und gingen nebeneinander her, aber für mich war es wie üblich so, als wäre Lila mir zehn Schritte voraus und wüsste genau, was zu tun war und wohin wir gehen mussten. Ich war es gewohnt, mich in allem als Zweite zu fühlen, und so war ich mir sicher, dass sie, die seit jeher die Erste war, über alles Bescheid wusste: das Tempo, die veranschlagte

Zeit, die uns für Hin- und Rückweg zur Verfügung stand, die Route, die uns ans Meer führte. Sie schien alles wohlsortiert im Kopf zu haben, so dass es der Welt ringsumher nicht gelingen konnte, Unordnung zu schaffen. Fröhlich überließ ich mich ihrer Obhut. Ich erinnere mich an ein diffuses Licht, das nicht vom Himmel, sondern aus den Tiefen der Erde zu kommen schien, die allerdings, wenn man sich die Oberfläche anschaute, arm und schmutzig war.

Allmählich wurden wir müde, bekamen Durst und Hunger. Daran hatten wir nicht gedacht. Lila wurde langsamer, ich auch. Zwei-, dreimal ertappte ich sie dabei, dass sie mich reuevoll ansah, als würde sie mir etwas Schlimmes antun. Was war los? Ich bemerkte, dass sie sich häufig umdrehte, und so fing auch ich an mich umzudrehen. Ihre Hand begann zu schwitzen. Schon seit geraumer Zeit sahen wir den Tunnel, der die Grenze zu unserem Rione bildete, nicht mehr hinter uns. Der zurückgelegte Weg war uns kaum vertraut, noch weniger der noch vor uns liegende. Die Leute schienen sich nicht für unser Schicksal zu interessieren. Und inzwischen wuchs um uns her eine Landschaft der Verwahrlosung. Verbeulte Kanister, angekohltes Holz, Autowracks, Wagenräder mit kaputten Speichen, lädierte Möbel, rostiger Schrott. Weshalb schaute Lila zurück? Weshalb sagte sie nichts mehr? Was stimmte nicht?

Ich sah mich genauer um. Der Himmel, der anfangs sehr hoch gewesen war, schien sich herabgesenkt zu haben. Hinter uns wurde alles schwarz, dicke, schwere Wolken lasteten auf den Bäumen und Lichtmasten. Vor uns war das Licht noch gleißend, doch an den Seiten von einem violetten Grau bedrängt, das es zu ersticken drohte. Fernes Donnergrollen war zu hören. Ich bekam Angst, doch am meisten erschreckte mich Lilas Miene, die für mich neu war. Ihr Mund stand offen, ihre Augen waren weitaufgerissen, nervös schaute sie nach vorn, nach hinten, zur Seite und umklammerte mit aller Kraft meine Hand. Konnte es sein, fragte ich mich, dass auch sie Angst hatte? Was war los mit ihr?

Die ersten dicken Tropfen fielen, sie trafen auf den Straßenstaub und hinterließen kleine, braune Flecke.

»Wir gehen zurück«, sagte Lila.

»Und das Meer?«

»Das ist zu weit weg.«

»Und unser Zuhause?«

»Auch.«

»Dann können wir genauso gut ans Meer gehen.«

»Nein!«

»Warum denn nicht?«

So aufgeregt hatte ich sie noch nie gesehen. Da war etwas, das sie plötzlich zwang, mich hastig nach Hause zu ziehen, es lag ihr auf der Zunge, doch sie konnte sich nicht entschließen, es mir zu sagen. Ich verstand das nicht. Warum gingen wir nicht weiter? Wir hatten Zeit, bis ans Meer konnte es nicht mehr weit sein, und egal, ob wir nach Hause gingen oder unseren Weg fortsetzten, nass würden wir so oder so werden, wenn der Regen kam. Diese Denkweise hatte ich von ihr gelernt, und es wunderte mich, dass sie sie nicht anwandte.

Ein violettes Leuchten spaltete den schwarzen Himmel, es donnerte stärker. Lila zerrte heftig an mir, eigentlich war mir nicht danach, zum Rione zurückzulaufen. Der Wind frischte auf, die Regentropfen wurden dichter, in Sekundenschnelle verwandelten sie sich in einen Wasserfall. Uns kam nicht in den Sinn, uns unterzustellen. Wir liefen blind vom Regen los, die Kleider im Nu durchnässt, die nackten Füße in abgenutzten Sandalen, die auf dem nun glitschigen Boden wenig Halt boten. Wir liefen, bis uns die Luft ausging.

Als wir nicht mehr konnten, wurden wir langsamer. Blitze, Donnerschläge. Eine Schlammflut strömte zu beiden Seiten die Straße hinunter, Lastwagen dröhnten in rasender Geschwindigkeit vorbei, schleuderten Sturzseen von Matsch in die Höhe. Mit raschen Schritten gingen wir aufs höchste erregt weiter, zunächst unter heftigen Regenschauern, später unter einem feinen Nieseln und schließlich unter einem grauen Himmel. Wir waren nass bis auf die Knochen, mit am Kopf klebenden Haaren, die Lippen blau, die Augen verschreckt. Wieder durchquerten wir den Tunnel und liefen durch das Brachland. Die regenschweren Sträucher streiften uns, wir schauderten. Wir machten unsere Ranzen ausfindig, zogen unsere trockenen Kittel über die nassen Sachen und gingen nach Hause. Lila, die angespannt war und den Blick fortwährend gesenkt hielt, hatte meine Hand losgelassen.

Uns wurde schnell klar, dass inzwischen nichts wie geplant gelaufen war. Pünktlich zum Unterrichtsende hatte sich der Himmel über unserem Rione verdunkelt. Meine Mutter war mit einem Schirm zur Schule gegangen, um mich zum Fest der Lehrerin zu bringen. So hatte sie erfahren, dass ich nicht da war und dass es überhaupt kein Fest gab. Seit Stunden suchte sie mich. Als ich von Weitem ihre peinlich hinkende Gestalt sah, ließ ich Lila sofort stehen, damit meine Mutter nicht auch auf sie wütend wurde, und lief ihr entgegen. Ich kam gar nicht erst zu Wort. Sie ohrfeigte mich und schlug mich mit dem Schirm, wobei sie schrie, sie werde mich umbringen, falls ich so etwas noch einmal täte.

Lila machte sich aus dem Staub, bei ihr zu Hause hatte niemand etwas bemerkt.

Am Abend erzählte meine Mutter alles meinem Vater und verlangte, dass er mir eine Tracht Prügel gab. Er regte sich auf, wollte das eigentlich nicht, und so stritten sie sich. Zunächst ohrfeigte er sie, dann, wütend über sich selbst, schlug er mich windelweich. Die ganze Nacht über versuchte ich zu verstehen, was wirklich geschehen war. Wir hätten zum Meer gehen sollen und haben es nicht getan. Ich hatte umsonst Prügel bezogen. Auf rätselhafte Weise hatten sich unsere Verhaltensweisen umgekehrt. Ich wäre trotz des Regens weitergegangen, hatte mich fern von allem und allen gefühlt, und diese Entfernung – so hatte ich erstmals entdeckt – hatte jede Fessel und jede Sorge in mir aufgelöst. Lila hatte ihren eigenen Plan abrupt bereut, verzichtete auf das Meer und wollte in die Grenzen unseres Rione zurück. Ich wurde nicht klug daraus.

Am folgenden Tag wartete ich nicht am Tor auf sie, ich ging allein zur Schule. Wir trafen uns im Park, sie entdeckte die blauen Flecke auf meinen Armen und fragte, was passiert sei. Ich zuckte mit den Schultern, so war es nun mal.

»Haben sie dich nur verprügelt?«

›Was sollten sie denn sonst noch mit mir machen?«

»Darfst du noch zur Schule, um Latein zu lernen?«

Ich starrte sie verdutzt an.

War das möglich? Hatte sie mich mitgeschleift, damit meine Eltern mich zur Strafe nicht auf die Mittelschule gehen ließen? Oder hatte sie mich in wilder Hast zurückgebracht, um mir ebendiese Strafe zu ersparen? Oder – so frage ich mich heute – hatte sie sich beides gewünscht?

MIRANDA JULY

Etwas, das nichts braucht

In einer gerechten Welt wären wir Waisen gewesen. Wir fühlten uns wie Waisen, und wir hatten das Gefühl, das Mitleid zu verdienen, das man Waisen entgegenbringt, aber wir hatten Eltern, so peinlich es auch war. Ich sogar zwei. Sie hätten mich nie gehenlassen, deswegen verabschiedete ich mich nicht; ich packte meine Sachen in eine winzige Tasche und hinterließ eine Nachricht. Auf dem Weg zu Pips Haus löste ich die Schecks ein, die ich zum Abitur bekommen hatte. Dann setzte ich mich bei ihr auf die Veranda und tat so, als wäre ich zwölf oder fünfzehn oder auch sechzehn. In jedem dieser Alter hatte ich von dem heutigen Tag geträumt; ich hatte mir sogar ausgemalt, hier zu sitzen und ein letztes Mal auf Pip zu warten. Sie hatte gerade das umgekehrte Problem: Ihre Mom *würde* sie gehenlassen. Ihre Mom hatte monströs angeschwollene Beine, die das Symptom von etwas viel Schlimmerem waren, und wurde ständig mit hohen Dosen Marihuana behandelt.

Wir reisen ab, Mom.

Wohin?

Nach Portland.

Kannst du mir erst noch einen Gefallen tun? Kannst du mir diese Zeitschrift da bringen?

Wir brannten darauf, unser neues Leben zu beginnen, unser Leben als Menschen, die keinen Menschen hatten. Eine Wohnung zu finden war einfach, weil wir keine Ansprüche stellten; wir waren hin und weg, dass es *unsere* Tür, *unser* modernder Teppich, *unser* Kakerlakenbefall war. Wir hängten Papierwimpel und chinesische Lampions auf und teilten uns das uralte Bett, das zum Studio gehörte. Für eine von uns war das ungeheuer aufregend. Eine von uns war schon immer in die andere verliebt gewesen. Eine von uns lebte in einem Zustand permanenten Verlangens. Aber wir hatten uns schon als Kinder kennengelernt und waren anscheinend dazu verdammt, wie Kinder zu schlafen oder wie ein altes Ehepaar, das sich noch vor der sexuellen Revolution kennengelernt hatte und zu schüchtern war, sich auf die neuen Sitten einzulassen.

Wir wollten unbedingt einen Job und gingen praktisch nirgendwohin, ohne eine Bewerbung auszufüllen. Aber kaum hatte uns jemand eingestellt – um Möbel abzuschleifen –, konnten wir es nicht fassen, dass Menschen tatsächlich den ganzen Tag lang so etwas machten. Alles, was in unserer Vorstellung ›die Welt‹ gewesen war, war in Wirklichkeit das Ergebnis von irgendjemandes Arbeit. Jede Linie auf dem Bürgersteig, jede Salzstange. Alle hatten modernde Teppiche und eine Wohnungstür, für die sie bezahlen mussten. Entsetzt kündigten wir. Es musste doch eine menschenwürdigere Lebensweise geben. Wir brauchten Zeit, um darüber nachzudenken, wer wir waren, um eine Theorie unserer selbst zu entwerfen und in Musik umzusetzen.

Dieses Ziel vor Augen, heckte Pip einen neuen Plan aus. Wir nahmen ihn entschlossen in Angriff; drei Wochen hintereinander reichten wir unsere Anzeige bei der Lokalzeitung ein, schrieben sie um und reichten sie erneut ein, bis sie endlich vom *Portland Weekly* angenommen wurde. Sie hörte sich nun nicht mehr unverhohlen nach Prostitution an, doch für die richtige Leserin war sie unmissverständlich. Unsere Zielgruppe waren reiche Frauen, die Frauen liebten. Gab es so etwas? Wir würden auch weniger gutbetuchte Frauen akzeptieren, die ein bisschen was gespart hatten.

Die Anzeige erschien einen Monat lang, und unser Anrufbeantworter quoll über vor Nachrichten. Jeden Tag fahndeten wir unter den Aberhunderten von Männern nach der einen, ganz besonderen Lady, die unsere Miete zahlen würde. Sie ließ auf sich warten. Vielleicht las sie den Kleinanzeigenteil des kostenlosen Wochenblatts nicht einmal. Wir wurden unruhig. Wir wussten, es war die einzige Möglichkeit, Geld zu verdienen, ohne uns zu kompromittieren. Konnten wir Mr. Hilderbrand, den Vermieter, mit Essensbons bezahlen? Konnten wir nicht. Hatte er Interesse an der alten Kamera, die Pips Großmutter ihr geliehen hatte? Hatte er nicht. Er wollte auf die herkömmliche Art und Weise bezahlt werden. Pip begann verbissen, die Nachrichten nach einem netten Mann zu durchkämmen. Ich beobachtete ihr jungenhaftes Gesicht beim Abhören und erkannte, dass sie total verängstigt war. Ich dachte an ihren kleinen Hintern, der wie ein Stück Gebäck war, und an die warme, komplizierte Welt zwischen ihren Beinen. Lass es einen ganz Verkümmerten sein, betete ich. Einen Mann, der uns wirklich nur zusehen will, wie wir in Unterwäsche herumhüpfen. Plötzlich grinste Pip und notierte einen Namen. Leanne.

Der Bus setzte uns am Ende der gekiesten Auffahrt ab, die Leanne uns am Telefon beschrieben hatte. Wir hatten ihr gesagt, wir hießen Astrid und Tallulah, und hofften, ›Leanne‹ sei ebenfalls ein

Pseudonym. Wir wünschten uns, dass sie eine Smokingjacke oder eine Boa trüge. Wir hofften, dass sie mit dem Werk von Anaïs Nin vertraut wäre. Wir hofften, dass sie nicht so wäre, wie sie am Telefon geklungen hatte. Nicht arm, nicht alt, nicht willens, für die Gesellschaft von jedem zu zahlen, der den ganzen weiten Weg nach Nehalem, Einwohnerzahl 210, fahren würde.

Pip und ich gingen den Kiesweg entlang auf ein kleines, braunes Haus zu. Dort wurde schlechtes Essen gekocht, das konnten wir riechen. Und dann trat eine Frau auf die Veranda, sie runzelte die Stirn. Ihr Alter war von unserem Standpunkt aus schwer zu bestimmen, einem Punkt in unserem Leben, an dem wir von älteren Körpern nur eine ungenaue Vorstellung hatten. Sie war vielleicht so alt wie die ältere Schwester meiner Mutter. Und wie Tante Lynn trug sie Leggings, königsblaue Leggings und ein übergroßes Button-Down-Hemd mit irgendeiner Stickerei. Mein Verstand zerdehnte sich vor nervöser Angst. Ich schaute Pip an, und für einen Sekundenbruchteil kam es mir vor, als sei sie in meinem Leben alles in allem niemand Besonderes. Sie war bloß irgendein Mädchen und hatte mich an ihr Bein gebunden, damit sie besser sank, wenn sie von der Brücke sprang. Dann blinzelte ich und war wieder in sie verliebt.

Sie winkt, und wir winken. Wir winken, bis wir nah genug sind, um hallo zu sagen, und dann sagen wir hallo. Jetzt sind wir nah genug, uns zu umarmen, aber wir umarmen uns nicht. Sie sagt, kommt rein, und drinnen ist es dunkel, keine Kinder. Natürlich sind da keine Kinder. Pip fragt sofort nach dem Geld, wie wir es vorher abgesprochen haben. Es ist schrecklich, um irgendetwas bitten zu müssen. Wir wünschten, wir wären etwas, das nichts braucht, so etwas wie ein Anstrich. Doch selbst ein Anstrich braucht gelegentlich einen Neuanstrich. Leanne sagt, wir seien jünger, als sie erwartet habe, und fordert uns auf, Platz zu nehmen. Wir setzen uns auf eine alte Vinylcouch, und sie geht aus dem Zimmer. Das Zimmer ist scheußlich, überall türmen sich Zeitschriften, und das Mobiliar könnte aus einem Motel stammen. Wir sehen weder einander an noch irgendetwas, das spiegelt. Ich starre auf meine eigenen Knie.

Ziemlich lange wissen wir nicht, wo sie ist, dann spüre ich allmählich, dass sie gleich hinter uns steht. Ich merke es erst kurz bevor sie ihre Fingernägel durch mein Haar zieht. Ich hatte sie nicht für den sexversessenen Typ Frau gehalten, aber jetzt sehe ich, dass ich keine Ahnung habe. Es hat angefangen, und jede Sekunde bringt uns dem Ende näher. Ich sage mir, dass lange Fingernägel gleich

Reichtum sind; der Gedanke an Reichtum beruhigt mich immer. Ich rede mir ein, Parfüm zu riechen. Als hätten wir alle teures Shampoo benutzt. Als alberten wir die ganze Zeit nur völlig unbeschwert herum. Mein Kopf entspannt sich, und ich mache die Übung, bei der man sich vorstellt, zu Honig zu zerlaufen. Mein Verstand schaltet so weit runter, dass er für keine andere Tätigkeit mehr betriebsbereit wäre. Von vier Sekunden lebe ich immer nur eine, von einer vollen Stunde registriere ich nur fünfzehn Minuten. Ich sehe sie in einem nicht ganz sauberen Slip vor uns stehen, und ich sterbe. Ich sehe Pip ihre Schuhe ausziehen und sterbe. Ich sehe mich mit einer Brustwarze spielen und sterbe.

Auf der langen Heimfahrt sagte keine von uns ein Wort. Wir waren Papierdrachen, die es in entgegengesetzte Richtungen zog, doch die Leinen wurden von einer Hand gehalten. Das Geld, das wir gerade eingenommen hatten, befand sich in derselben Hand. Auf dem Heimweg kaufte Pip noch eine Tüte Chips, und damit fehlten uns zu unserer Miete 1,99 Dollar. Jetzt erschien es uns sonnenklar, dass wir mehr hätten verlangen sollen. Pip steckte das Geld in einen Umschlag und schrieb *Mr. Hilderbrand* darauf. Dann standen wir da, jede für sich, lädiert und nach Leanne riechend. Wir wandten uns voneinander ab und machten uns daran, all die kleinen Stricke unserer Misere festzuzurren. Ich ließ mir ein Bad einlaufen. Als ich gerade in die Wanne steigen wollte, hörte ich die Wohnungstür zufallen und erstarrte mitten in der Bewegung; sie war weg. So was machte sie manchmal. In den Situationen, in denen andere Paare stritten oder zusammensaßen, verließ sie mich. Ich wartete mit einem Bein in der Wanne auf ihre Rückkehr. Ich wartete unzumutbar lange, lang genug, um zu begreifen, dass sie heute Abend nicht mehr zurückkommen würde. Aber was, wenn ich es abwartete, wenn ich nackt hier stehen bliebe, bis sie zurückkam? Dann könnte ich genau in dem Augenblick, in dem sie zur Haustür hereinkäme, die Bewegung zu Ende bringen und mich in das mittlerweile kalte Wasser setzen. Solche seltsamen Aktionen waren bei mir nichts Neues. Ich hatte mich stundenlang unter Autos versteckt und darauf gewartet, entdeckt zu werden; ich hatte ein und dasselbe Wort siebentausendmal hingeschrieben im Versuch, die Zeit einem alchimistischen Prozess zu unterziehen.

Ich analysierte meine Position in der Badewanne. Der Fuß im Wasser war bereits schrumpelig. Wie würde ich mich bei Einbruch der Dunkelheit fühlen? Und wie lange würde es dauern, bis sie ins Badezimmer schaute, wenn sie irgendwann heimkam? Würde sie begreifen, dass die Zeit stillgestanden hatte, während sie fort war? Und selbst wenn sie zur Kenntnis nahm, dass ich das Unmögliche für sie vollbracht hatte, was wäre dann? Dankbar oder verständnisvoll war sie nie. Ich wusch mich schnell, mit überzogenen Bewegungen, um mich der drohenden Lähmung zu erwehren.

Ich tigerte in unserem winzigen Zimmer herum. Es kam mir überhaupt nicht in den Sinn, nach draußen zu gehen; ich hatte keine Ahnung, wie ich mich ohne sie in der Stadt zurechtfinden sollte. Es gab nur eines, was ich nicht machen konnte, wenn sie bei mir war, also legte ich mich nach einiger Zeit aufs Sofa und machte es. Ich schloss die Augen. In all den reichlich abgenutzten Erinnerungen waren wir zwischen sechs und acht. Wir lagen unter der Decke auf der Schlafcouch ihrer Mom oder auf dem oberen Bett meines Etagenbetts oder in einem Zelt in ihrem Garten. Jeder dieser Orte hatte seine eigene Macht. Egal, wo wir waren, es ging los, wenn Pip flüsterte: Paaren wir uns. Sie rutschte auf mich drauf, und wir schlangen die Arme umeinander. Wir rubbelten unsere schmalen Beckenknochen aneinander, so energisch wir konnten. Wenn es klappte, bekam man eine Art Aufstehschwindel im Liegen.

Aber kurz bevor ich so weit war, fiel mir ein knisterndes Geräusch irgendwo in der Luft auf. Es war da und störte, leise und hartnäckig. Dann blickte ich hoch. Über meinem Kopf schwankten unsere fünf chinesischen Papierlampions, sacht, wie aus eigenem Antrieb. Als ich meine Hand danach ausstreckte, wurde mir plötzlich klar, warum, aber es war zu spät, mich noch zu bremsen. Ich schüttelte einen der Lampions, und aus dem Loch im Boden regneten Kakerlaken herab. Sie fingen schon im Fallen an zu krabbeln. Noch ehe sie, wo auch immer, landeten, waren sie auf Eroberung aus. Und als sie aufschlugen, starben sie nicht, sie dachten gar nicht daran, zu sterben. Sie rannten.

Als Pip schließlich nach Hause kam, waren wir uns einig, dass der Leanne-Job sich nicht gelohnt hatte. Aber ein paar Tage später sahen wir Nastassja Kinski in *Paris, Texas*. Sie trug einen langen roten Pullover und arbeitete in einer Peepshow. Ich fand, das sah wie ein ziemlich lockerer Job aus, solange nicht Harry Dean Stanton aufkreuzte, aber Pip war anderer Ansicht.

Niemals. Das mach ich nicht.

Ich könnte es allein machen.

Das brachte sie so in Rage, dass sie Geschirr spülte. Wir spülten nie, außer wir wollten würdevoll und selbstzerstörerisch wirken. Ich stand im

Türrahmen und versuchte meinen Anteil an unserem Schweigen aufrechtzuerhalten, während ich zusah, wie sie an versteinerten Nudeln kratzte. In Wahrheit hatte ich noch nicht gelernt, jemanden zu hassen, abgesehen von meinen Eltern. Ich stand bloß verliebt da. Ich stand noch nicht einmal richtig; wäre sie plötzlich weggegangen, wäre ich umgekippt.

Ich mache es nicht, schon gut.

Klingt, als wärst du enttäuscht.

Bin ich nicht.

Hör auf; ich weiß, du willst, dass sie dich angaffen.

Wer?

Männer.

Nein, will ich nicht.

Wenn du das machst, kann ich nicht mehr bei dir bleiben.

In gewisser Weise war es das Romantischste, was sie je zu mir gesagt hatte. Man konnte es so verstehen, dass wir nicht zusammenwohnten, weil wir zusammen aufgewachsen waren und sonst niemanden kannten, sondern wegen etwas anderem. Weil wir beide nicht wollten, dass Männer mich angafften. Ich sagte ihr, ich würde niemals in einer Peepshow arbeiten, und sie hörte auf zu spülen, was bedeuten sollte, dass für sie alles wieder gut war. Aber für mich war längst nicht alles wieder gut. In den vergangenen zehn Jahren hatten wir uns nur dreimal angefasst.

1. Als sie elf war, hat ihr Onkel versucht, sie zu missbrauchen. Als sie mir das erzählte, habe ich geweint, und sie hat mich aufs Kinn geschlagen. Ich rollte mich vierzig Minuten lang zu einer Kugel zusammen, bis sie mich entrollte. Ich hielt meine Augen geschlossen, als sie meine Knie von meiner Brust wegzog, und konnte spüren, dass sie meinen Körper betrachtete. Ich wusste, wenn ich die Augen weiter geschlossen hielte, würde es passieren, und so kam es auch. Sie schob ihre Hand unter meine Strumpfhose und tastete sich vor, bis sie das Ding gefunden hatte, das sie von sich selbst kannte. Dann ruckelte sie auf hitzige, animalische Weise mit ihren Fingern, was mir schnell das vertraute Schwindelgefühl verschaffte. Als es vorbei war, befahl sie mir, niemandem etwas davon zu erzählen, und ich wusste nicht, ob sie das mit mir meinte oder das mit ihrem Onkel.

2. Als wir vierzehn waren, haben wir uns das erste Mal betrunken, und etwa neun Minuten lang schien alles möglich, und wir küssten uns. Diese Begegnung erschien mir verheißungsvoll normal, und in den darauffolgenden Tagen hoffte ich auf noch mehr Küsse, vielleicht sogar auf einen Aus-

tausch von Ringen oder Medaillons. Aber es wurde nichts ausgetauscht. Jede behielt ihre Sachen für sich.

3. In unserem letzten Highschool-Jahr hatte ich eine Zeitlang eine andere Freundin. Sie war ein ganz normales Mädchen, ihr Name war Tammy, und sie hörte gern die Smiths. Ich hätte mich nie in sie verlieben können, denn sie war genauso eine Null wie ich. Jeden Tag vertraute sie mir alles an, was ihr durch den Kopf ging, wie das wohl die meisten Mädchen untereinander so machen. Ich wollte auch von mir reden, unbedingt sogar, aber ich fand einfach keinen Einstieg. Sie war mir immer schon so weit voraus und bei allen Einzelheiten irgendwelcher Gedichte, die sie unter dem Eindruck ihrer Träume geschrieben hatte. Also nahm ich mir Pip zum Vorbild und hing einfach mit ihr rum. Pip hielt nicht viel von Tammy, aber die Normalität dieser Freundschaft weckte bei ihr eine gewisse Neugier.

Was treibt ihr beiden denn so?

Nichts. Kassetten hören und so.

Sonst nichts?

Letztes Wochenende haben wir Erdnussbutter-Kekse gebacken.

Oh. Hört sich lustig an.

Ist das sarkastisch gemeint?

Nein, wirklich.

Also kam sie das nächste Mal mit, als ich zu Tammy ging. Es machte mich ein wenig nervös, denn Tammy hatte Eltern, die immer in der Nähe waren. Üblicherweise wussten Eltern nicht so genau, was sie von Pip halten sollten, die eher wie ein Junge als wie ein Mädchen aussah und die Mütter irgendwie zur Koketterie animierte, während Väter sich seltsam bedroht fühlten. Aber Tammys Eltern guckten gerade einen Film und winkten nur geistesabwesend an ihren Hinterköpfen vorbei, als wir hereinkamen. Wie vorausgesagt, hörten wir uns Kassetten an. Pip fragte, ob wir vorhätten, Erdnussbutter-Kekse zu backen, aber Tammy meinte, es seien nicht die nötigen Zutaten da. Dann warf sie sich aufs Bett und fragte, ob wir *zusammen* wären oder wie. Eine fürchterliche Leere erfüllte den Raum. Ich starrte aus dem Fenster und wiederholte im Kopf das Wort ›Fenster‹, ich war bereit, auf unbestimmte Zeit zu *Fenster Fenster Fenstern*, da antwortete Pip plötzlich.

Ja.

Cool. Ich habe einen schwulen Cousin.

Tammy erklärte uns, dass ihr Zimmer ein sicherer Ort wäre und wir uns nicht verstellen müssten. Dann zeigte sie uns den neonrosa Sticker, den ihr Cousin ihr geschickt hatte. Darauf stand FUCK

YOUR GENDER. Wir sahen alle schweigend den Aufkleber an und ließen seine doppelte Bedeutung auf uns wirken – mindestens zwei Bedeutungen, wahrscheinlich sogar mehr. Tammy schien auf etwas zu warten, als müssten Pip und ich gehorsamst übereinander herfallen, kaum dass wir den markigen Befehl des Aufklebers gelesen hatten. Ich wusste, wir waren eine Enttäuschung, so sittsam, wie wir auf dem Bett saßen. Pip musste es auch gespürt haben, denn abrupt schlang sie ihren Arm um meine Schulter. Das hatte es noch nie gegeben, also war es wohl verständlich, dass ich erstarrte. Dann justierte ich meinen Körper ganz sachte, bis ich ihn in eine entspannte Haltung gebracht hatte. Pip zuckte nur mit der Wimper, als ich seufzte und meine Hand auf ihren Oberschenkel klatschte. Tammy beobachtete das alles und nickte sogar kurz beifällig, bevor sie sich wieder auf die Musik konzentrierte. Wir hörten die Smiths, Velvet Underground und die Sugarcubes. Pip und ich bewegten uns keinen Millimeter. Nach einer Stunde und zwanzig Minuten schmerzte mein Rücken, und meine taub gewordene, blau angelaufene Hand schien nicht mehr zu meinem Körper zu gehören. Ich entschuldigte mich höflich.

Die puderzarte Wärme des Badezimmers machte mich euphorisch. Allein zu sein wirkte plötzlich abenteuerlich. Ich verriegelte die Tür und vollführte eine Reihe unwillkürlicher, barocker Gesten vor dem Spiegel. Ich winkte mir selbst zu wie eine Irre und schnitt abscheuliche, unsympathische Fratzen. Ich wusch meine Hände, als wären sie kleine Kinder, sanft wiegte ich erst die eine, dann die andere. Ich erlebte einen schweren Anfall von Individualität. Die wissenschaftliche Bezeichnung für solche Spasmen ist ›Schwanengesang‹. Das Gefühl legte sich schnell wieder. Ich trocknete meine Hände an einem winzigen blauen Handtuch ab und ging zurück ins Schlafzimmer.

Ich wusste es schon, ehe ich es sah. Ich wusste, ich würde sie in dieser Stellung zusammen auf dem Bett finden, ich wusste, ich würde geschockt sein, ich wusste, dass sie auseinanderfahren und sich den Mund abwischen würden. Pip würde mir nicht in die Augen sehen können. Ich würde nie wieder mit Tammy reden. Ich wusste, dass wir alle den Highschool-Abschluss machen würden, und ich wusste, dass Pip und ich wie vereinbart zusammenwohnen würden. Und ich wusste, dass sie mich nicht auf diese Weise begehrte. Niemals begehren würde. Andere Mädchen, jedes x-beliebige andere Mädchen, aber nicht mich.

Da wir nun die Miete bezahlt hatten, fühlten wir uns berechtigt, den Vermieter auf die Kakerlakensituation anzusprechen. Er sagte, er würde jemanden vorbeischicken, wir sollten uns aber keine großen Hoffnungen machen.

Wieso nicht?

Tja, das betrifft nicht nur Ihre Wohnung, das ganze Haus ist befallen.

Vielleicht sollten sie sich dann das ganze Haus vornehmen.

Das würde nichts nützen; dann kommen sie einfach aus anderen Häusern rüber.

Es ist der ganze Block?

Es ist die ganze Welt.

Da sagte ich ihm, es hätte sich erledigt, und legte schnell auf, bevor er Pip hämmern hören konnte. Wir nahmen einige Umbauten vor; genauer gesagt, wir bauten einen Keller. Unsere Wohnung war zwar winzig, hatte aber hohe Decken, und über unseren Köpfen gab es viel ungenutzten Platz, der einfach zu verlockend war. Pip fand, Emporen seien was für Hippies, darum hatte sie einen Plan gezeichnet, der es uns – obwohl unsere Wohnung im zweiten Stock lag – erlauben würde, in einem Hauptgeschoss mit niedriger Decke zu wohnen und über eine Leiter nach unten in den Keller zu steigen, wenn uns verdrießlich zumute war. Die schweren

Sachen wie Kühlschrank oder Badewanne würden wir unten lassen, aber alles andere sollte nach oben. Wir sahen den Keller schon genau vor uns. Er hatte einen klammen, mineralischen Geruch. Wärme und Lichtstreifen würden durch die Decke sickern. Da oben war zu Hause. Dort oben wartete das Abendessen auf uns.

Einer der vielen guten Gründe für den Bau eines Kellers war, dass wir kostenlos an Holz herankamen. Pip hatte ein Mädchen kennengelernt, dessen Vater der Besitzer von Berryman's Lumber and Supply war. Kate Berryman. Sie war ein Jahr jünger als wir und ging auf eine private Highschool, gleich um die Ecke von dem Haus, in dem Pips Großmutter wohnte. Ich hatte sie nie kennengelernt, war aber froh, dass wir sie ausnutzten. Wir praktizierten eine sehr weit gefasste, sporadische Form des Klassenkampfs, die jede Art von Diebstahl rechtfertigte. Es gab keine Menschen, keine Firma, keine Bibliothek, kein Krankenhaus und keinen Park, die uns nicht bestohlen hatten, sei es psychisch oder historisch betrachtet, darum versuchten wir unentwegt, zurückzuholen, was uns gehörte. Kate wähnte sich wahrscheinlich in Sachen Umverteilung auf unserer Seite, wenn sie mit Mühe große Sperrholzplatten in den Laderaum des elterlichen Kombis wuchtete. Die deponierte sie dann in der

Gasse hinter unserem Haus und hupte dreimal beim Wegfahren. Auf dieses Signal hin trollten wir uns hinaus, taten so, als gingen wir spazieren, kauften mitunter sogar irgendwo etwas zu trinken, um dann scheinbar zufällig, aus einer Laune heraus, in die Gasse zu schlendern. Überzeugt, alle hinters Licht geführt zu haben, schleppten wir anschließend das Holz die Treppen hoch. Wir schlugen dauernd irgendwem ein Schnippchen, was wiederum implizierte, dass uns ständig irgendwer beobachtete, was wiederum bedeutete, dass wir nicht allein auf der Welt waren.

Jeden Morgen machte Pip eine Liste, was im Lauf des Tages zu erledigen wäre. Ganz oben auf der Liste stand für gewöhnlich *zur Bank gehen*, denn dort bekam man kostenlos Kaffee. Die nächsten Punkte waren oft eher ungenau – *über Lebensmittelkarten schlaumachen, Bibliotheksausweis?* –, aber die Liste gab mir ein Gefühl der Geborgenheit. Ich sah ihr gern beim Schreiben zu, denn dann wusste ich, dass jemand den Tagesverlauf in die Hand nahm. Nachts besprachen wir, wie wir den Keller ausstatten würden, doch tagsüber kamen wir nur langsam voran. In erster Linie hatten wir jede Menge Holz; die Holzstücke lehnten an den Wänden oder lagen auf dem Sofa herum wie unerzogene Hunde.

Wir versuchten gerade, einen Pfosten in den Linoleumboden der Küche zu nageln, als Pip entschied, dass wir spezielle Winkelstützen benötigten.

Meinst du wirklich?

Ja. Ich ruf Kate an, und sie bringt sie vorbei.

Ist sie jetzt nicht in der Schule?

Das geht schon klar.

Pip telefonierte und ging dann duschen. Ich hämmerte weiter lange Nägel durch den Pfosten in den Fußboden. Der Pfosten stand sicher. Das war ein befriedigendes Gefühl. Er würde zwar bei der geringsten Belastung nachgeben, aber er stand von allein. Er war fast so groß wie ich, und ich konnte nicht anders, als ihm einen Namen zu geben. Er sah wie eine Gwen aus.

Es klingelte, und Pip rannte noch halb nass zur Tür. Es war Kate. Ich schaute von meinem Platz auf dem Küchenfußboden zu ihr hoch. Sie trug eine Schuluniform. Sie hatte keine Winkelstützen in der Hand. Vielleicht hatte sie sie ja unter ihrem Rock versteckt.

Wo sind die Winkelstützen?, fragte ich.

Panik in den Augen, schaute Kate zu Pip. Pip nahm ihre Hand, wandte sich mir zu und sagte: Wir müssen dir etwas sagen.

Mich fröstelte plötzlich. Meine Ohren fühlten

sich so kalt an, dass ich meine Hände dagegenpressen musste. Aber mir war sofort klar, dass das aussah, als würde ich sie mir zuhalten, um nichts zu hören, wie der Affe, der nichts Böses hören will. Also rieb ich die Hände aneinander und fragte: Habt ihr kalte Ohren? Pip sagte nichts, aber Kate schüttelte den Kopf.

Okay, lasst hören.

Kate und ich werden zusammen im Haus ihrer Eltern wohnen.

Wieso?

Wie meinst du das?

Tja, ich bin sicher, Kates Dad möchte dich nicht im Haus haben, nachdem du ihm das ganze Zeug geklaut hast.

Ich werde den Schaden bei Berryman's Lumber abarbeiten. Vielleicht verdiene ich sogar genug Geld, um mir ein Auto zu kaufen.

Ich dachte darüber nach. Ich stellte mir Pip am Steuer eines Autos vor, eines Model T, mit Fahrerbrille und einem Schal, der hinter ihr im Wind flatterte.

Kann ich auch bei Berryman's Lumber arbeiten?

Pip war plötzlich wütend. Also bitte!

Was denn? Geht das nicht? Wenn nicht, dann sag's einfach.

Du willst wohl nicht verstehen!

Was denn?

Sie hob Kates Hand, die sie fest umklammert hielt, und schwenkte sie in der Luft.

Plötzlich brannten meine Ohren, sie kochten förmlich, und ich musste mir mit den Händen rechts und links Luft zufächeln, um sie zu kühlen. Das war zu viel für Pip; sie schnappte sich ihren Rucksack und marschierte, mit Kate im Schlepptau, aus der Wohnung.

Ich durfte nicht zulassen, dass sie das Gebäude verließ. Ich rannte durch den Korridor und stürzte mich auf sie. Sie schüttelte mich ab; ich schlang meine Arme um ihre Knie. Ich schluchzte und jammerte, aber nicht wie eine Zeichentrickfigur – das hier war echt. Wenn sie fortging, würde ich die Sprache verlieren, wie diese Kinder, die entsetzliche Greueltaten mit ansehen mussten. Niemand würde mich verstehen außer diesen Kindern. Pip machte meine Finger von ihren Schienbeinen los. Kate kniete sich hin, um ihr behilflich zu sein, und die Berührung ihrer puddinghaften Haut ekelte mich; ich wollte sie durchlöchern und schlug nach ihrer Brust. Pip nutzte diese Gelegenheit, um die Treppe hinunterzuhasten, und irgendwie gelang es Kate, ihr zu folgen. Ich hielt Kates Strickjacke in der Hand. Ich rannte den beiden nach und sah sie in Kates Auto springen. Bevor sie losfahren konnten, kniff ich die Augen zu und warf mich auf den Bürgersteig. So blieb ich liegen. Das war meine letzte Hoffnung – dass Pip sich meiner erbarmen würde. Ich hörte den laufenden Motor des Wagens. Ich lauschte auf den Verkehr und die Fußgänger, die vorsichtig um mich herumgingen. Ich meinte zu hören, wie Kate und Pip im Auto stritten, Pip wollte aussteigen und mir helfen, Kate drängte sie loszufahren. Flehentlich presste ich meine Wange aufs Pflaster. Hochhackige Schuhe klickten auf mich zu und hielten inne; die Stimme einer älteren Frau fragte, ob mit mir alles in Ordnung sei. Ich flüsterte, es ginge mir gut, und betete stumm, sie möge weitergehen. Aber die Frau war hartnäckig, daher schlug ich schließlich die Augen auf, um ihr zu sagen, sie solle weitergehen. Kates Auto war fort.

Ich zerrte das Telefon hinter mir her ins Bett und schlief drei Tage lang. Ab und zu machte ich die Augen auf, bis mir alles wieder einfiel, dann versank ich wieder in Bewusstlosigkeit. In meinen Träumen tunnelte ich mir einen Weg zu ihr – wenn ich nur tief genug graben würde, würde ich sie finden. Die Tunnel wurden immer enger, während ich durch sie hindurchkroch, bis sie zu hoffnungslos verhedderten Haarsträhnen wurden, an denen ich nur noch herumzerren konnte.

Am Nachmittag des dritten Tages klingelte das Telefon. Ich zog es aus den lehmigen Tiefen des Bettes. Kaum dass sie meine Stimme hörte, sollte sie wissen, dass ich im Sterben lag. Ich meldete mich mit einem Laut, der so ängstlich und erbärmlich klang, dass er durch die Sprache rasselte wie Kieselsteine. Hallo.

Es war Mr. Hilderbrand, der Vermieter. In irgendeinem absurden, parallelen Sciencefiction-Universum war die Miete fällig. Es war gerade erst einen Monat her, dass wir Leannes schmutzigen Slip gelüftet hatten. Ich legte auf und sah mich im Zimmer um. Mein Pfosten stand immer noch in der Küche und schwieg taktvoll. Ein gefährlich großes, tischähnliches Gebilde schwankte in der Mitte des Raums. Es war der erste halbe Quadratmeter des Obergeschosses. Ich kroch darunter und stellte mir vor, Pip und ich säßen mit Mr. und Mrs. Berryman zu Tisch. Es war ein Szenario, das Pip sich oft ausgemalt hatte. Sooft wir an einem schicken Haus vorbeigingen, bildete sie sich ein, die Besitzer würden sie gerne bei sich aufnehmen, wenn sie nur wüssten, dass sie verfügbar war. Sie betrachtete sich als entzückendes Straßenkind, ein Spielzeug für reiche Mütter. Es war eine Masche. Es gab nichts auf der Welt, das kein Trick war, das verstand ich plötzlich. Nichts war wichtig, und es gab nichts zu verlieren.

Ich ging ins Badezimmer und spritzte mir einige Handvoll Wasser ins Gesicht, und es war einfach. Tatsache: Es gab nichts, was ich nicht konnte. Ich zog die Jeans und das T-Shirt aus, in denen ich geschlafen hatte. Dann hockte ich mich nackt auf den Boden und schnitt mit einem Teppichmesser die Beine meiner Hose ab. Ich zog sie wieder an, und sie sah klitzeklein aus. Klitzeklein-und-ultrawinzig. Dann säbelte ich durch das T-Shirt und ließ WENN IHR JAZZ LIEBT auf dem Boden zurück. Das HUPT bedeckte kaum meine kleinen Brüste, aber hey. Hey, ich verließ die Wohnung. Ich ging über den Flur, und vor der Tür der Nachbarn stand ein kleiner Korb mit alten Äpfeln und einem Schild: FÜR MEINE NACHBARN, GREIFEN SIE ZU. Und hey, ich war am Verhungern. Ich nahm einen Apfel, und die Tür ging auf. Ich hatte diese Nachbarin bislang gar nicht richtig wahrgenommen, doch jetzt sah ich, dass sie ein Junkie war. Ein alter Junkie. Und sie trug eine Jacke, von der ich wusste, dass sie sie im Flur gefunden hatte. Es war Kates Strickjacke. Sie forderte mich auf, noch einen Apfel zu nehmen, und dann bat sie mich um eine Umarmung. Ich drückte sie fest, mit einem Apfel in jeder Hand.

Letzte Woche noch hätte ich Angst gehabt, sie zu berühren, aber jetzt wusste ich: Es gab nichts, was ich nicht konnte.

Ich hatte kein Geld für den Bus, also ging ich zu Fuß. Es war unglaublich weit. Ein Pferd im Galopp würde auf dem Weg ermüden. Wenn Vögel dorthin flögen, würde man sie Zugvögel nennen. Aber es war nicht schwierig, es dauerte nur seine Zeit. Es war eine neue Erfahrung, in nichts als winzigen Shorts und einem T-Shirt, das zum Hupen aufforderte, durch die Stadt zu laufen. Die Leute hupten schon, ohne das T-Shirt gesehen zu haben. Ich hatte oft das Gefühl, man würde mir gleich einen Pfeil oder eine Kugel in den Rücken schießen, aber nichts passierte. Die Welt war keineswegs sicherer, als ich bislang geglaubt hatte; nein, im Gegenteil, sie war so gefährlich, dass meine Beinahe-Nacktheit sich bestens einfügte, wie ein Autounfall, so was kam jeden Tag vor.

Der Laden, zu dem ich ging, lag in einer Fußgängerzone zwischen einer Tierhandlung und einer Wechselstube. Ich fragte den Mann an der Kasse, ob sie Leute suchten, und er gab mir ein Formular, das ich ausfüllen sollte. Als ich es zurückgab, starrte er darauf, ohne die Augen zu bewegen, was mich auf den Gedanken brachte, dass er vielleicht nicht lesen konnte. Er sagte, ich könnte am selben

Abend anfangen, wenn ich um neun wiederkäme. Ich sagte: Klasse. Er sagte, sein Name sei Allen, ich sagte, mein Name sei Gwen.

Ich trieb mich drei Stunden in der Fußgängerzone herum. Die Tierhandlung hatte zu, aber ich konnte durchs Fenster die Kaninchen sehen. Ich presste meine Finger gegen die Scheibe, und ein greises Schlappohr hoppelte gelangweilt auf mich zu. Es starrte mich erst mit dem einen, dann mit dem anderen Auge an. Seine Nase zitterte, und einen Moment war mir, als ob es mich wiedererkannte. Es kannte mich von früher, wie ein alter Lehrer oder ein Freund meiner Eltern. Die Augen des Kaninchens huschten rasch über meine Kleidung und witterten meine wilde, traurige Entschlossenheit und dass ich nichts Gutes im Sinn hatte. Dann stand ich auf, wischte mir die Knie ab und betrat Mr. Peeps Sexshop – Videos und mehr.

›Und mehr‹ spielte sich im hinteren Bereich ab. Allen überantwortete mich dort einer Frau namens Christy. Sie saß auf einem grünen Plastikgartenstuhl und trug eine rosa OshKosh-Latzhose. Beim Anblick der robusten goldenen Schnallen der Latzhosenträger fragte ich mich, ob alles Vertraute in Wirklichkeit Teil einer geheimen sexuellen Unterwelt sei. Christy führte mich in die Kabine und begann, Dildos und Flaschen und Perlenschnüre in eine Adidas-Sporttasche zu packen. Adidas. Ihre Gerätschaften lagen auf einem alten Handtuch mit Blumenmuster ausgebreitet, und ich wusste, wenn ich an dem Handtuch roch, würde es wie meine Großmutter riechen. Oma. Christy schlang das Handtuch um ein kleines leeres Marmeladenglas.

Wofür ist das?

Pinkeln.

Selbst Pinkeln gehörte dazu. Sie zeigte mir die Preisliste und den Schlitz, durch den das Geld kommen würde. Sie hob ihre Hand in die Luft, als sie mir beschrieb, wie der Vorhang sich nach oben schieben würde. Sie säuberte einen Telefonhörer mit Glasreiniger und Papiertüchern und trug mir auf, ihn nie klebrig zurückzulassen. Dann band sie mit rascher, gekonnter Bewegung ihr langes, dünnes Haar zu einem Pferdeschwanz, schwang sich die Adidas-Tasche über die Schulter und ging.

Der Laden wirkte sehr still, wie eine Bibliothek. Ich setzte mich in den grünen Plastikstuhl und zupfte mein Shirt und meine Hose zurecht. Die Neonröhren summten mit zeitloser Beharrlichkeit. Ich schaute zu ihnen hoch und stellte mir vor, dass sie, und nicht die Sterne, auf die lange Geschichte der menschlichen Evolution herabgeleuchtet hatten. Sie hatten über Eiszeiten und über Neandertalern gesummt, und nun summten sie über mir. Ich stand auf und ging in meine Kabine. Ich besaß nichts, das ich auf einem Handtuch hätte auslegen können; ich besaß nicht einmal ein Handtuch. Alles, was ich besaß, war der Schlüssel zur Wohnung. Wenn ich heute Abend kein Geld verdiente, würde ich den ganzen Weg zurück laufen müssen. Bei Nacht. In dieser Aufmachung. Ich war in der einzigartigen Situation, eine Live Fantasy Show darbieten zu müssen, um meine körperliche Unversehrtheit zu schützen.

Ich übte mich darin, den Hörer abzunehmen. Ich machte es fünfmal, immer schneller, als wäre das die Fertigkeit, für die ich bezahlt würde. Ich überlegte mir, welche Wörter ich hineinsprechen würde. Wörter, die ich nie benutzt hatte, außer beim Fluchen. Ich versuchte sie mir als verführerisch vorzustellen. Ich versuchte, sie verführerisch in den Hörer zu sagen, aber sie kamen in gepresstem Flüsterton heraus. Was, wenn ich sie nicht aussprechen könnte? Was wäre das für eine peinliche Situation! Der Mann würde sein Geld zurückverlangen, und ich würde nicht mit dem Bus fahren können. In meiner Panik sagte ich alle schmutzigen Wörter, die ich kannte, in einem einzigen, langen Fluch auf: *Schwanzlutschende-eierleckende-Hure-Nutte-Fotze-mösenleckende-*

Arschloch-Ficker. Ich legte den Hörer auf. Immerhin konnte ich sie aussprechen.

Ich saß über drei Stunden auf dem Plastikstuhl. Während dieser Zeit kamen zwei verschiedene Männer in den Laden. Sie warfen mir beide über die Regale mit den Videos hinweg verstohlene Blicke zu, aber keiner von beiden kam nach hinten. Nachdem der zweite Mann wieder gegangen war, rief Allen von der Theke.

Das ist schon der Zweite, den du entwischen lässt!

Was?

Du musst aggressiver sein! Du kannst da hinten nicht bloß auf deinem Arsch hocken!

Alles klar!

Zwanzig Minuten später kam ein Mann in einem schwarzen Sweatshirt herein. Er guckte über ein Regal mit Magazinen zu mir rüber, und ich stand auf und ging auf ihn zu. Auf seinem Sweatshirt sah man das Bild einer Galaxie, einen Pfeil, der auf einen winzigen Punkt zeigte, und den Satz SIE SIND HIER. Der Mann blickte zu mir auf und tat überrascht. Ich stellte mir vor, dass er in Gegenwart einer Dame instinktiv den Hut abnahm, aber er trug keinen Hut.

Haben Sie Interesse an einer Live-Vorführung, Sir?

Ja. Okay.

Er folgte mir in den hinteren Teil des Ladens. Wir trennten uns für einen Moment und trafen uns dann in der Kabine wieder, durch die verhängte Scheibe getrennt. Ich hörte, wie ein Portemonnaie mit Klettverschluss aufgeritscht wurde, zwanzig Dollar fielen sanft in die abgeschlossene Plastikbox, und der Vorhang hob sich. Er hatte bereits seinen Penis rausgeholt und den Hörer in der Hand. Ich nahm meinen Hörer ab. Aber wie ich befürchtet hatte, bekam ich kein Wort heraus. Ich stand paralysiert da, wie auf einem Felsen über einem eiskalten See. Ich war nie gut darin, reinzuspringen, das eine Element aufzugeben und mich dem anderen anzuvertrauen. Ich konnte den ganzen Tag dastehen und die anderen Kinder vorlassen. Er rubbelte an sich rauf und runter, und es war ein seltsamer Anblick, nichts, was man jeden Tag zu sehen bekam. Genau genommen hatte ich das noch nie gesehen. Er sagte etwas in den Hörer, aber ich verstand es nicht. Obwohl wir so nahe beieinander waren, war die Verbindung nicht gut.

Wie bitte?

Kannst du deine Kleider ausziehen?

Oh. Klar.

Es wird einem von klein auf anerzogen, sich nicht vor wildfremden Leuten auszuziehen. Angezogen zu bleiben ist sogar die oberste Regel der Zivilisation. Selbst eine Ente oder ein Bär sehen zivilisiert aus, wenn sie etwas anhaben. Ich ließ meine Jeans-Shorts runter und zog mein Shirt über den Kopf. Ich stand nackt da, wie ein Bär oder eine Ente. Der Mann starrte mich mit verbissener Konzentration an, meine bleichen Brüste, das Haarbüschelchen zwischen meinen Beinen, sein Blick wanderte zwischen diesen beiden Polen hin und her. Ab und zu vergewisserte er sich, dass ich ihn auch ansah. Gewissenhaft starrte ich auf seinen Penis und hoffte, dass es damit getan wäre, doch nach ein paar Sekunden fragte er, ob mir gefiele, was ich sähe. Wieder stand ich auf dem Felsen, während Kinder unter mir ins Wasser platschten und schrien: »Spring!« Aber ich wusste: Springen wäre wie sterben, ich würde alles loslassen müssen. Ich dachte darüber nach, was ich besaß. Sie hatte nicht angerufen, sie würde nicht anrufen, ich war allein, und ich war hier – nicht einmal in irgendeinem abstrakten Sinn, nicht hier auf der Erde oder hier im Universum, sondern wirklich *hier*, stand nackt vor diesem Mann. Ich schob meine Hand zwischen meine Beine und sagte: Dein großer harter Schwanz macht mich ganz geil.

Um fünf Uhr morgens glitt ich in einem Bus durch die Nacht. Der Bus war jedoch nur eine

Formalität – eigentlich flog ich, in der Luft, und ich war größer als die meisten Menschen, ich war drei oder vier Meter groß und konnte fliegen, ich konnte über Autos springen, ich konnte gierig, sanft, schüchtern und fordernd »Schwanz« sagen, ich konnte fliegen. Und ich hatte 325 Dollar in der Tasche. Mit einem Fuß in der Badewanne zu stehen war nicht nur ein Mittel, die Zeit anzuhalten, es war auch ein Ritual, um sie zurückzubringen. Bis sie nach Hause kam, würde ich Gwen sein.

Ich kaufte mir ein lindgrünes Negligé, einen Dildo, mit dem ich mich entjungferte, und eine Perücke, einen kastanienbraunen Bobschnitt, ein Modell namens Elan. Ich hasste meinen Job, aber es gefiel mir, dass ich ihn machen konnte. Ich hatte früher an ein kostbares innerstes Selbst geglaubt, aber jetzt nicht mehr. Ich hatte mich für zerbrechlich gehalten, aber das war ich nicht. Es war etwa so, wie plötzlich gut in Sport zu sein. Football war mir egal, aber es war schon ziemlich toll, in der NFL zu sein. Ich erzählte lange, verwickelte Geschichten, die sich um meine dauerfeuchte Muschi drehten, ich bot jeden erdenklichen Teil meines Körpers dar, ich erzählte Kunden, ich würde sie vermissen, und diese Kunden wurden dann zu Stammgästen, und diese Stammgäste zu Stalkern. Ich lernte, bis kurz vor Eintreffen meines

Busses im Laden zu bleiben und dann an jedem vorbeizuflitzen, der auf dem Parkplatz lauerte, dabei winkte ich und rief: Komm Donnerstag wieder vorbei!

Und ich hatte schreckliche Sehnsucht nach ihr.

Eines Abends hatte der Bus Verspätung, und ein Kunde folgte mir bis zum Straßenrand. Er stand neben mir an der Bushaltestelle, und ich ignorierte ihn. Dann begann er zu spucken. Erst spuckte er auf den Bürgersteig, dann mehr so generell in die Luft. Ich spürte, dass mir winzige feuchte Tröpfchen aufs Gesicht geweht wurden, presste meine Lippen zusammen und trat etwas zurück. Er trat auch zurück und fuhr fort, seine Streumunition in der Luft zu verteilen. Diese Art von sexueller Belästigung folgte einer derart verqueren Logik, dass ich mich nicht zurechtfand; ich konnte nicht einschätzen, ob es beängstigend oder lächerlich war, und dieses Gefühl veranlasste mich, wieder hineinzugehen. Zuerst ging, dann rannte ich. Ich knallte die Tür hinter mir zu. Aber Mr. Peeps war nicht unbedingt der sicherste Zufluchtsort, und ich konnte auch nicht ewig hierbleiben. Ich bat Allen, nach draußen zu gehen und nachzusehen, ob der Kunde noch da war. Er war noch da. Ob Allen ihn nicht auffordern konnte, wegzugehen? Allen meinte, das könne er nicht, weil der Mann a) nichts Ungesetzliches tat und b) ein guter Kunde war. Allen fand, ich solle eine Freundin anrufen oder ein Taxi und mich abholen lassen.

Das war der Augenblick, auf den ich gewartet hatte, und ich staunte, wie organisch er sich ergeben hatte. Normalerweise stellte ich mir vor, Gift zu nehmen oder von einem Auto angefahren zu werden. Eine Amtsperson, ein Polizist oder eine Krankenschwester, würde fragen, ob es jemanden gebe, den man anrufen sollte. Ich würde dann ihren Namen röcheln. Sie arbeitet bei Berryman's Lumber and Supply, würde ich sagen. Die jetzige Situation war nicht ganz so ernst, aber es ging um meine Sicherheit, und, noch wichtiger, es war nicht meine Idee, sie anzurufen. Es war mir aufgetragen worden, nahezu befohlen, von einem Vorgesetzten, von Allen.

Ich rief hastig, fast zerstreut bei Berryman's Lumber an, so wie jemand, der sich nach Ersatzsägeblättern erkundigen will. Aber kaum hatte ich den Rufton im Ohr, weiteten sich meine Sinne und sperrten alles aus, was nicht das Klingeln oder mein eigener Herzschlag war.

Berryman's Lumber and Supply, was kann ich für Sie tun?

Ist Pip Greeley zu sprechen?

Eine Sekunde bitte.

Nur eine Sekunde. Nur zwei Monate. Nur ein Leben lang. Nur eine Sekunde.

Hallo?

Ich bin's.

Oh. Hi.

So würde das nichts werden. Dieses Oh. Hi. Ich konnte nicht der Mensch sein, der eine solche Erwiderung herausforderte. Ich rückte meine Perücke zurecht. Ich lächelte in die Luft, so wie ich lächle, wenn Kunden ihre Gürtel aufmachen, und ich ließ meine Augen strahlen, als wäre alles eine Art großer Spaß. Ich fing noch mal neu an.

Hey, ich bin gerade in der Klemme und dachte, du könntest mir vielleicht helfen?

Ja? Was ist los?

Ich arbeite in so einem Laden, Mr. Peeps. Und hier treibt sich so ein echt unheimlicher Typ rum. Hast du ein Auto?

Sie schwieg einen Augenblick. Ich konnte den Namen Mr. Peeps förmlich in ihrem Kopf nachschwingen hören. Es klang nach einem Mann mit Augen groß wie Untertassen. Sie hatte es sich zur Lebensaufgabe gemacht, Mr. Peeps aus dem Weg zu gehen, und jetzt kam ich und machte mit ihm rum. Ich war entweder abstoßend und dumm, oder ich war etwas anderes. Etwas Überraschendes. Ich hielt den Atem an.

Sie sagte, sie könne vermutlich einen Lieferwagen ausleihen und ob ich zwanzig Minuten warten könne, bis sie Feierabend hätte. Ich sagte, das ginge wahrscheinlich.

Im Lieferwagen redeten wir nicht, und ich schaute sie auch nicht an, aber ich spürte, dass sie mich immer wieder ungläubig musterte. Normalerweise ziehe ich mich um und setze die Perücke ab, ehe ich nach Hause fahre, aber es war gut, dass ich das heute Abend nicht getan hatte. Ich hielt aus dem Fenster Ausschau nach anderen Beifahrern, die in ihren Fahrer oder ihre Fahrerin verliebt waren, aber wir hatten uns gut getarnt, wir taten gelangweilt und beteten um mehr Verkehr. Gerade als ihr ehemaliges Zuhause in Sicht kam, bog sie plötzlich nach links ab und fragte, ob ich sehen wollte, wo sie jetzt wohnte.

Du meinst bei Kate?

Nein, das hat nicht funktioniert. Ich wohne im Keller von einem Typen, mit dem ich arbeite.

Na klar.

Der Keller war »unrenoviert«, wie man so sagt. Es war Dreck, mit einigen Regalbrettern hier und da, Aufbauten, die ein Bett trugen, und ein paar Milchkästen. Sie schwenkte eine Taschenlampe herum und meinte: Nur fünfundsiebzig Dollar im Monat.

Ach wirklich.

Ja, das ganze Riesenzimmer! Das sind über hundertvierzig Quadratmeter. Ich kann daraus machen, was ich will.

Sie führte mich zwischen den Pfeilern herum und schilderte ihre Pläne. Oben ging eine Toilettenspülung, und ich konnte ihren Arbeitskollegen beinahe über uns herumlaufen sehen. Er blieb kurz stehen, ein Sofa quietschte, ein Fernseher wurde eingeschaltet. Es waren die Nachrichten. Sie hängte die Taschenlampe in eine herabbaumelnde Schlinge, und ein trüber Lichtpunkt fiel auf ihr Kopfkissen. Ich streckte mich auf dem Bett aus und gähnte. Sie starrte mich der Länge nach an.

Du kannst hierbleiben, wenn du Lust hast, wenn du müde bist, meine ich.

Vielleicht döse ich nur ein wenig.

Ich muss noch ein bisschen aufräumen.

Du räumst auf, ich döse.

Ich hörte ihr beim Fegen zu. Ihr Fegen kam näher und näher, sie wischte dicht um die Matratze herum. Dann legte sie den Besen weg und kam zu mir ins Bett. Sehr lange lagen wir stocksteif da. Schließlich hustete der Mann über uns, was eine Welle kinetischer Energie freisetzte. Pip verrückte ihre Schultern, bis der äußerste Zipfel ihres T-Shirts meinen Arm berührte; ich öffnete und verschränkte meine Beine und ließ meinen Knöchel wie zufällig gegen ihr Schienbein stoßen. Weitere fünf Sekunden kamen und gingen, wie die fetten Beats einer Bassdrum; keiner von uns dreien rührte sich. Dann bewegte er sich auf der Couch, und sofort drehten wir uns einander zu, unsere Münder trafen sich, unsere Hände grapschten zudringlich, schmerzhaft sogar. Irgendwie war es notwendig, erst einmal brutal zu sein, sich wütend zu stellen und keine Zugeständnisse zu machen. Aber nachdem wir uns tief in die Nacht hinein gebalgt und die Taschenlampe ausgemacht hatten, überraschte sie mich mit sanften Liebkosungen. So war es also, nicht ich selbst zu sein. So also war Pip. Denn, nur keine Missverständnisse, ich behielt die ganze Zeit meine Perücke auf. Ich ging davon aus, dass sie all das ermöglichte, und ich hatte vermutlich recht. Die Perücke und der Umstand, dass ich nicht weinte, obwohl mir verzweifelt nach Weinen zumute war, danach, ihr zu sagen, wie unglücklich ich gewesen war, sie an mich zu drücken und ihr das Versprechen abzunehmen, nie wieder wegzugehen. Ich wollte, dass sie mich anflehte, meinen Job aufzugeben, und dann wollte ich meinen Job aufgeben.

Aber sie flehte mich nicht an, im Gegenteil, ohne Mr. Peeps ging gar nichts. Jede Nacht holte sie mich in dem Lieferwagen von Berryman's Lumber ab, nahm mich mit zu sich nach unten und schlief mit mir. Und ich ging jeden Morgen nach Hause und nahm meine Perücke ab. Ich kratzte mir die verschwitzte Kopfhaut und ließ meinen Kopf zwei Stunden atmen, bevor ich wieder in den Bus stieg und zur Arbeit fuhr. Auf diese Art verlebte ich acht wundervolle Tage. Am neunten Tag schlug Pip vor, gemeinsam frühstücken zu gehen, bevor ich zur Arbeit aufbrach.

Würde ich gerne, aber ich muss nach Hause und mich fertigmachen.

Du siehst doch phantastisch aus.

Aber ich muss mir die Haare waschen.

Dein Haar sieht phantastisch aus.

Ich fasste mir an die Perücke und lachte, aber sie lächelte nicht.

Wirklich, es sieht phantastisch aus.

Wir starrten einander unverwandt in die Augen, und eine gewisse Feindseligkeit blitzte zwischen uns auf. Natürlich war es eine Perücke – ich wusste, dass sie es wusste –, doch sie war plötzlich entschlossen, mich bloßzustellen. Ich stellte mir vor, dass wir uns gerade duellierten, unsere filigranen Florette schwangen.

Na schön, gehen wir eben frühstücken.

Ich kann dich bei Mr. Peeps absetzen.

Schön. Vielen Dank.

Wie jeder weiß, kann man einen Menschen komplett mit Fassadenfarbe anstreichen, und er bleibt am Leben, solange man die Fußsohlen frei lässt. Schon eine Kleinigkeit wie diese kann einen Menschen umbringen. Ich hatte die Perücke nun fast dreißig Stunden am Stück getragen, und während ich strippte und tanzte und stöhnte, wurde mir langsam heiß, unerträglich heiß. Gegen Mittag lief mir schon der Schweiß übers Gesicht, aber ein Mann nach dem anderen kam herein, es war ein Tag mit unglaublichen Einnahmen. Allen tätschelte mir sogar den Rücken, als ich ging, und sagte: Gute Arbeit, Champ. Pip wartete im Lieferwagen, aber der Weg über den Parkplatz erschien mir lang und bizarr. Ich glaubte, einen Kunden wiederzuerkennen, der neben seinem Auto kauerte, aber nein, es war nur ein normaler Mann, der sich über einen Käfig beugte. Er murmelte: So ist brav, wir bringen dich jetzt nach Hause.

Pip steckte mich sofort ins Bett und borgte sich sogar ein Thermometer von ihrem Arbeitskollegen von oben. Aber sie schlug mir nicht vor, die Perücke abzunehmen, und in meinem Fieber verstand ich, was das bedeutete. Ich sah sie mit einer Pistole auf der Lichtung stehen und wusste, ohne hinsehen zu müssen, dass meine Hände leer waren. Aber ich konnte immer noch gewinnen, wenn ich so tat, als hätte ich eine Pistole. Wenn ich peng sagte und mich von ihr erschießen ließe, hätte ich gewonnen. Wenn ich auf diese Weise stürbe, als Gwen, würde der Rest von mir trotzdem weiterleben? Und was war der Rest von mir eigentlich? Mit dieser Frage schlief ich ein und grub einen Tunnel durch die Nacht, zerrte an den verhedderten Haaren, bis die Perücke runter war. Am Morgen setzte ich sie nicht wieder auf, und Pip fragte mich auch nicht, wie es mir gehe: Sie sah, dass es mir gutging. Sie bot mir nicht an, mich zur Arbeit zu fahren, und wir wussten beide, dass sie auch nicht da sein würde, um mich abzuholen.

Ich saß auf dem grünen Plastikstuhl unter den Neonleuchten. Das Geschäft lief außerordentlich schleppend. Alle Männer der Welt schienen zu beschäftigt zu sein, um zu masturbieren. Ich stellte mir vor, wie sie da draußen rechtschaffene Dinge taten, Verbrechen aufklärten und ihren Kindern das Radschlagen beibrachten. Es war die letzte Stunde meiner Acht-Stunden-Schicht, und ich hatte noch keine einzige Vorstellung gegeben. Es war schon fast unheimlich.

Ich beobachtete die Uhr und die Eingangstür und fing an, Wetten abzuschließen. Wenn in den nächsten fünfzehn Minuten kein Kunde käme, würde ich Allens Namen rufen. Fünfzehn Minuten verstrichen.

Allen!

Was ist?

Nichts.

Jetzt blieben nur noch zwanzig Minuten. Wenn in den nächsten zwölf Minuten niemand käme, würde ich das Wort »mir« rufen – so wie in mir nichts, dir nichts. Nach sieben Minuten bimmelte die Tür, und ein Mann kam herein. Er kaufte ein Video und ging wieder.

Mir!

Was ist?

Nichts.

Nun waren es die letzten acht. Wenn kein Kunde reinkäme, würde ich das Wort »reicht's« rufen. Wie in: Genug, basta, ich geh nach Hause. Ich starrte auf die Tür. Bei jedem Atemzug, den ich tat, mit jeder Minute, die verstrich, drohte sie aufzugehen. Eins. Zwei. Drei. Vier. Fünf. Sechs. Sieben. Acht.

BANANA YOSHIMOTO

Geisterpost

Sicher, Tsugumi* war schon ein unmögliches Mädchen …

Ich bin in einem verschlafenen Städtchen aufgewachsen, in dem sich alles um Fischerei und Tourismus dreht. Mittlerweile lebe ich in Tokyo und habe angefangen zu studieren. Hier macht mir das Leben auch großen Spaß.

Ich bin Maria Shirakawa. Ich trage den Namen der Heiligen Mutter Gottes.

Das soll aber nicht heißen, dass ich ein heiliges Gemüt besäße. Trotzdem, aus irgendeinem Grunde scheinen sich alle meine neuen Freunde hier in Tokyo über meinen Charakter einig zu sein: »Mensch, bist du nachsichtig«, sagen sie oder: »Du hast aber die Ruhe weg!«

* Tsugumi: Kein gewöhnlicher japanischer Mädchenname, sondern die Bezeichnung einer japanischen Vogelgattung, die zur Drosselfamilie gehört und unseren Amseln verwandt ist. Tsugumi – ein zartes, hübsches Vögelchen also, aber quirlig und frech, quicklebendig, zäh und voller Lebenskraft. (A. d. Ü.)

Ich selbst würde mich ja eher als ungeduldig bezeichnen, als ganz normalen Menschen aus Fleisch und Blut. Und doch gibt es da ein paar Dinge, die mir seltsam vorkommen: In Tokyo regen sich die Leute sofort über alles auf, ob es nun regnet, die Vorlesung ausfällt oder ein Hund pinkelt. Ich bin da sicher anders. Kaum dass mich die Wut gepackt hat, verebbt sie auch schon wieder, wie Meereswasser, das sich vom Strand zurückzieht und im Sand versickert ... Wahrscheinlich, weil ich vom Lande bin, hatte ich mir bisher immer eingeredet, bis mir vor kurzem auf dem Heimweg von der Uni alles klar wurde: Schäumend vor Wut starrte ich ins Abendrot – so ein blöder Prof hatte meine Klausur nicht mehr angenommen, nur weil ich gerade mal eine Minute zu spät abgegeben hatte –, und da wusste ich plötzlich:

»Tsugumi! Das ist alles ihre Schuld, nein, ihr Verdienst!«

Jeder Mensch wird ungefähr einmal am Tag stinksauer. Jetzt fiel mir auf, dass eine innere Stimme mir in solchen Situationen immer ganz mechanisch den entsprechenden Wert auf der nach oben offenen Tsugumi-Skala zuflüstert. Das wirkt wie eine Zauberformel. Was hat man schon davon, sich aufzuregen? Diese Einstellung muss ich mir zugelegt, ja verinnerlicht haben, als ich mit Tsugumi zusammenlebte. Ich starrte immer noch in den Abendhimmel, dessen leuchtendes Orange langsam schwächer wurde, und hätte am liebsten ein bisschen geweint.

Liebe ist ... wie die Japanischen Wasserwerke: Man kann verschütten, so viel man will, sie versiegt nie, selbst wenn man den Hahn ewig lange volle Kanne aufdreht. Ja, so ist das. – Keine Ahnung, wie ich in dem Moment darauf kam.

Die Geschichte, die ich erzählen will, handelt von Erinnerungen an meinen letzten Sommer in dem Küstenstädtchen meiner Jugend. Die vorkommenden Personen, die Menschen aus dem Gasthaus Yamamoto, sind längst von dort weggezogen, und ich glaube, ich werde nie wieder mit ihnen zusammenleben. Um heimzukehren, ist meinem Herzen kein anderes Zuhause geblieben als die Erinnerungen an die Zeit mit Tsugumi.

Tsugumi war von Geburt an gesundheitlich furchtbar schwach, überall funktionierte etwas nicht bei ihr. Der Arzt hatte ihr ein kurzes Leben beschieden, und auch die Familie stellte sich darauf ein, weshalb sie von ihrer Umgebung verhätschelt und verwöhnt wurde. Ihre Mutter konsultierte Ärzte in ganz Japan und tat alles in ihrer Macht Stehende, um Tsugumis Leben auch nur um kurze Zeit zu verlängern. So kam es, dass sie zwar allmählich laufen lernte und heranwuchs, aber einen entschieden trotzköpfigen Charakter bekam. Es spornte sie nur noch mehr an, dass sie gesund genug war, um halbwegs normal leben zu können. Tsugumi hatte eine scharfe Zunge – boshaft, grob und unverschämt; hinterlistig war sie – mit Eigensinn und koketter Schmeichelei. Ihre triumphierende Miene, wenn sie gerade wieder ohne Umschweife und mit bewundernswertem Timing in treffende Worte gekleidet hatte, was ihr Gegenüber am meisten entsetzte, glich dem Antlitz des Teufels.

Ich wohnte zusammen mit meiner Mutter in einem Anbau des Gasthauses Yamamoto.

Mein Vater quälte sich in Tokyo mit der Durchsetzung der Scheidung von seiner schon lange von ihm getrennt lebenden Frau herum, um meine Mutter offiziell heiraten zu können. Von außen sah diese ganze Hin- und Herfahrerei immer furchtbar stressig aus, aber die beiden selbst schienen ziemlich glücklich zu sein dabei, schienen immer den Traum von jenem strahlenden Tag vor Augen zu haben, an dem wir alle drei als Familie in Tokyo würden zusammenleben können. Trotz des mehr oder weniger komplizierten äußeren Anscheins also hatte ich eine harmonische Kindheit – als einzige Tochter eines sich liebenden Paares.

Die Yamamotos waren die Familie, in die die jüngere Schwester meiner Mutter eingeheiratet hatte. Während wir dort lebten, half Mutter in der Hotelküche aus. Die Yamamotos – das waren Onkel Tadashi und Tante Masako, die Betreiber des Gasthauses, und ihre beiden Töchter, die berüchtigte Tsugumi und deren ältere Schwester Yōko.

Auf der Hitliste der Personen, die unter Tsugumis unmöglichem Charakter zu leiden hatten, stand Tante Masako auf Platz eins und Yōko auf Platz zwei. Ich selbst nahm den dritten Rang ein. Onkel Tadashi kam Tsugumi nicht zu nahe. Schon meinen eigenen Namen mit auf die Liste zu setzen ist ziemlich anmaßend. Denn der tägliche Umgang mit Tsugumi hatte die zwei auf den vorderen Rängen so lieb und sanft gemacht, dass sie längst in die unerreichbaren Sphären der Engel auf Erden eingegangen waren.

Um die Altersverhältnisse klarzustellen: Yōko ist ein Jahr älter als ich, und ich bin ein Jahr älter als Tsugumi. Doch davon, dass Tsugumi jünger ist als ich, habe ich nie etwas gespürt. Sie war schon als Kind boshaft, und das Älterwerden hat nichts daran geändert.

Je schlechter es ihr ging und je öfter sie das Bett

hüten musste, desto haltloser wurde ihre Raserei. Der Ruhe wegen hatte sie ein niedliches kleines Doppelzimmer im zweiten Stock des Gasthauses ganz für sich allein. Von ihrem Zimmer aus hatte man den besten Ausblick, man konnte das Meer sehen! Das wunderschöne Meer, das in der Mittagssonne glitzerte, an Regentagen rauh und verhangen war und auf dem sich am Abend die vielen Lichter der zum Tintenfischfang ausfahrenden Boote spiegelten.

Ich kann mir nicht einmal vorstellen, was es heißt, Tag für Tag in der Aufregung und Ungewissheit leben zu müssen, ob man nun bald stirbt oder noch einmal davonkommt – ich bin ja gesund. Ich glaube nur, wenn *ich* lange in diesem Zimmer zu liegen hätte – ich würde den Ausblick auf die See und ihren salzigen Geruch über alles schätzen. Tsugumi schien sich jedoch überhaupt nichts aus all dem zu machen, riss die Vorhänge in Fetzen, knallte die Fensterläden zu, warf das Essen um, verstreute die Bücher aus den Regalen überall auf den Tatami – kurzum, das ganze Jahr über ließ sie das Zimmer so aussehen wie Linda Blair ihres in »Der Exorzist« und brachte ihre herzensgute Familie regelrecht zum Heulen. Einmal war sie tatsächlich der schwarzen Magie verfallen, verkündete: »Ich bin das Lehrmädchen der Großen Hexe« (oder so ähnlich), und hielt eine Unmenge von Nacktschnecken, Fröschen und Krebsen (einheimische offenbar) auf ihrem Zimmer, die sie dann in die Gästezimmer schmuggelte. Es hagelte Beschwerden. Damals vergossen meine Tante, Yōko und sogar mein Onkel wegen Tsugumis Benehmen wirklich Tränen.

Doch selbst da lachte Tsugumi sie bloß aus: »Ich werd's euch zeigen, ihr Säcke, ich kratz einfach ab heut Nacht, und dann wird's euch leidtun. Hört schon auf zu heulen!« Seltsamerweise sah ihr höhnisches Gesicht dabei aus wie das Antlitz von Maitreya.*

Ja, Tsugumi war schön.

Schwarzes, langes Haar, weiße Haut wie aus Porzellan, über den großen, großen mandelförmigen Augen lange, dichte Wimpern, die, wenn sie die Lider niederschlug, zarte Schatten warfen. Die dünnen Arme und Beine, an denen die Adern durchschimmerten, waren schlank und lang, doch im Ganzen war ihr Körper zierlich klein. Sie besaß das anmutige, züchtige Aussehen einer wunderschönen Puppe, die die Götter selbst angefertigt hatten.

* Maitreya [altindisch: »Von liebender Güte erfüllt«]: der kommende (fünfte) Buddha, der erneut den Weg zum Nirwana zeigen wird. Verkörperung allumfassenden rettenden Wohlwollens im Buddhismus. (A. d. Ü.)

Seit der Mittelschulzeit hatte Tsugumi es sich zur Gewohnheit gemacht, irgendeinen Jungen aus ihrer Klasse zu behexen. Sie ging mit ihm am Strand spazieren und schmiegte sich dabei eng an ihn. Der Junge wusste meist nicht, wie ihm geschah, und machte sich total zum Narren. Normalerweise hätte man sich in so einer kleinen Stadt das Maul darüber zerrissen, doch die Leute waren davon überzeugt, dass jeder, ob er nun wollte oder nicht, der Anmut und Schönheit von Tsugumi verfallen musste. Dem *äußeren Anschein* nach wirkte Tsugumi ja so lieblich und gut, wie ein ganz anderer Mensch. Tja, Gott sei Dank ließ sie wenigstens die Finger von den Hotelgästen. Sonst wäre aus dem Hause Yamamoto womöglich noch ein Bordell geworden.

Tsugumi und der Junge wandern am Abend über den hohen Deich, die Bucht liegt da im Dämmerlicht. Tief tanzen ein paar Vögel am Himmel; das Rauschen der Wellen kommt leise glitzernd näher. Niemand ist zu sehen, nur einige Hunde streunen umher; der Strand liegt da wie eine Wüste, weit und weiß; der Wind streicht um ein paar Boote. In der Ferne verblassen die Silhouetten der Inseln, die zartrot leuchtenden Wolken versinken am Horizont.

Tsugumi geht gaaanz, ganz langsam.

Der Junge reicht ihr besorgt den Arm. Den Blick zu Boden gerichtet, legt Tsugumi ihre schmale Hand in seine. Dann sieht sie auf und lächelt. Ihre Wangen strahlen in der Abendsonne, ein Lächeln, so flüchtig wie der blendende Abendhimmel, der sich Augenblick um Augenblick weiter verändert. Ihre weißen Zähne, der schlanke Hals, die großen Augen, die den Jungen die ganze Zeit fest im Blick haben – alles droht jeden Moment im Sand und im Wind und im Wellenrauschen unterzugehen. – Ehrlich gesagt, es wäre gar nicht verwunderlich, wenn Tsugumi tatsächlich irgendwann einmal so verschwinden würde.

Tsugumis weißer Rock flattert im Seewind.

Wie sie sich bloß so verstellen kann, schimpfte ich im Stillen, sooft ich dieses Schauspiel beobachtete, und dennoch war ich jedes Mal den Tränen nahe. Der Anblick war so herzzerreißend, dass er sogar mich, die ich doch Tsugumis wahren Charakter kannte, zutiefst anrührte.

Dass aus Tsugumi und mir richtige Freundinnen wurden, kam erst durch den Vorfall, den ich gleich erzählen werde. Natürlich hatten wir auch als Kinder Kontakt zueinander. Es war sogar ganz lustig, mit ihr zu spielen, wenn man ihre grässlichen Gemeinheiten und ihre scharfe Zunge ertragen konnte. In Tsugumis Phantasie war das kleine Fischerdorf eine Welt ohne Grenzen und jedes einzelne Sandkorn ein göttliches Mysterium. Sie hatte einen klugen Kopf und lernte fleißig, und obwohl sie ständig wegen Krankheit fehlte, lagen ihre Schulnoten im oberen Bereich. Sie war eine Leseratte, las Bücher über alle erdenklichen Themen und wusste ungemein viel. Aber wie hätte sie sich auch ihr beachtliches Repertoire an Gemeinheiten ausdenken können, wenn ihr Kopf nicht ordentlich gearbeitet hätte!

In den ersten Grundschuljahren haben Tsugumi und ich immer ein Spiel gespielt, das wir »Geisterpost« nannten. Im Hinterhof der Grundschule stand ein altes verwittertes Wetterhäuschen – für uns die Verbindung zur Welt der Geister und der Briefkasten für Post aus dem Jenseits. Tagsüber gingen wir hin und legten gruselige Fotos und Geschichten hinein, die wir aus Zeitschriften ausgeschnitten hatten, um sie dann um Mitternacht zusammen holen zu gehen. Was am helllichten Tag überhaupt nichts Besonderes war, flößte uns im Dunkeln, wenn wir uns heimlich hinschlichen, echte Furcht ein, und eine Weile waren wir ganz versessen darauf. Aber wie das so ist mit solchen Spielen, geriet auch dieses neben all den anderen mit der Zeit in Vergessenheit.

Als ich in die Mittelschule kam, trat ich in einen Basketballklub ein und musste hart trainieren, weshalb ich mich nicht mehr so viel um Tsugumi kümmerte. Sobald ich nach Hause kam, schlief ich ein, und Hausaufgaben gab es schließlich auch noch. So kam es, dass Tsugumi mit der Zeit für mich nichts weiter als die »Cousine von nebenan« war. Doch just da passierte der bewusste Vorfall. Es war, da bin ich mir ziemlich sicher, in den Frühlingsferien des zweiten Mittelschuljahres.

An jenem Abend fiel sanfter Regen, und ich hatte mich in meinem Zimmer verschanzt. An der Küste riecht Regen nach Meer und Salz. Es war dunkel, ich hörte die Tropfen fallen und war zutiefst deprimiert. Mein Großvater war vor ein paar Tagen gestorben. Ich hatte bis zum Alter von fünf Jahren bei meinen Großeltern gelebt und mich zu einem regelrechten »Opakind« entwickelt. Auch nachdem ich mit Mutter in das Gasthaus Yamamoto gezogen war, fuhr ich Opa und Oma besuchen, wann immer das möglich war, und wir schrieben uns regelmäßig Briefe. An jenem Tag war ich nicht zum Training gegangen, hatte kein Essen angerührt und saß nun mit verheulten Augen auf dem Boden, an mein Bett gelehnt. Draußen vor der Schiebetür hörte ich Mutter sagen: »Telefon für dich, es ist Tsugumi!«, aber ich antwortete nur: »Sag ihr, ich bin nicht da!«

Mir ging es einfach nicht gut genug, um mich auch noch mit Tsugumi abgeben zu können. Und da meine Mutter Tsugumis drastische Art allzu genau kannte, sagte sie nur »Ja, in Ordnung« und ging. Ich setzte mich wieder auf den Boden, blätterte in einer Zeitschrift und muss wohl irgendwie eingenickt sein, als ich draußen auf dem Korridor die schlurfenden Schritte von jemandem in Slippern näher kommen hörte. In dem Augenblick, als ich aufschreckte und den Kopf hob, wurde auch schon die Schiebetür aufgerissen, und Tsugumi stand vor mir, klitschnass.

Sie schnappte nach Luft – von der Kapuze ihres Regenmantels kullerten klare Wassertropfen auf die Tatami. »Maria …«, oder so ähnlich sagte sie mit weitaufgerissenen Augen und dünnem Stimmchen.

»Was ist?«

Noch halb im Traum sah ich zu ihr auf. Sie schien sich zu fürchten und machte einen unsicheren Eindruck. Aufgeregt rief sie:

»Mensch, wach auf! Was ganz Schlimmes ist passiert, schau dir das hier an!«

Ganz vorsichtig und behutsam zog sie ein Blatt Papier aus der Tasche ihres Regenmantels und reichte es mir. Mein Gott, was für ein Aufstand, dachte ich im Stillen und nahm das Blatt gleichgültig entgegen, doch ein Blick darauf genügte, und ich hatte das Gefühl, als hätte man mich blitzartig mitten ins Rampenlicht gestoßen.

Das war unverkennbar die geliebte Handschrift meines Großvaters! In denselben kräftigen, kunstvollen Pinselstrichen und mit derselben Anrede, die er in seinen Briefen immer für mich verwendet hatte, stand da geschrieben:

Liebe Maria, mein Schatz!
Lebe wohl!
Pass gut auf Oma, Vati und Mutti auf! Mach dem Namen der Heiligen Mutter alle Ehre, und werde eine gute Frau! Ryūzō

Ich erschrak. Augenblicklich kam mir Großvater in den Sinn, wie er aufrecht am Schreibtisch sitzt – mir wurde ganz warm ums Herz. Dann fragte ich Tsugumi eindringlich:

»Wo hast du das her?«

Tsugumi sah mich unverwandt an, ihre knallroten Lippen bebten, und sie sagte mit ernster, feierlicher Stimme:

»Das war im Geisterbriefkasten, kannst du das fassen?«

»Was sagst du?«

Im Nu blitzte in meinem Kopf die Erinnerung

an das Wetterhäuschen auf, das ich total vergessen hatte. Tsugumi senkte die Stimme und flüsterte:

»Ich weiß über so was Bescheid, ich bin ja dem Tod viel näher als ihr alle zusammen. Als ich vorhin eingeschlafen war, tauchte dein Opa in meinen Träumen auf. Ich wachte auf, aber es ließ mir keine Ruhe. Dein Opa hatte irgendetwas sagen wollen. Ich bin ihm schließlich allerhand schuldig, er hat früher immer an mich gedacht und mir alle möglichen Geschenke mitgebracht. Auch du kamst vor im Traum, und dein Opa versuchte, mit dir zu reden, er hat dich geliebt, weißt du. Und da schoss es mir plötzlich durch den Kopf: Ich ging zu unserem Briefkasten, um nachzusehen – und siehe da … Hast du deinem Opa zu Lebzeiten jemals von unserer ›Geisterpost‹ erzählt?«

Ich schüttelte den Kopf: »N-n-nein, ich glaube nicht.«

»Dann … Mensch, ich hab solche Angst!«, schrie sie und fügte nach einer Weile in feierlichem Tonfall hinzu: »Dann ist aus dem Ding tatsächlich ein Briefkasten für ›Geisterpost‹ geworden!«

Sie presste die Hände fest vor der Brust zusammen und schloss die Augen, als würde sie noch einmal Revue passieren lassen, wie sie selbst vorhin durch den Regen zum Geisterbriefkasten gerannt war. Draußen in der Dunkelheit tröpfelte der Regen weiter vor sich hin; es ging alles sehr schnell, Tsugumis Nacht zog mich von der Wirklichkeit weg immer weiter in ihren Bann. Es herrschte eine sanfte, unsichere Stille, in der alles, was bis dahin gewesen war, das Leben, der Tod, langsam, aber sicher in den Strudel des Mysteriums geriet, in das Reich einer anderen Wahrheit überging.

Mit bleichem Gesicht und leisem Stimmchen sagte Tsugumi schließlich: »Maria, was sollen wir nur tun?«, und sah mich an.

»Auf keinen Fall …«, begann ich mit fester Stimme. Tsugumi sah so brav und folgsam aus, als wäre sie in keinster Weise dem Ausmaß der Dinge gewachsen. »Auf keinen Fall sollten wir jemandem etwas davon verraten. Das Wichtigste ist aber, dass du jetzt nach Hause gehst. Wärm dich auf, und leg dich schlafen! Du kriegst sonst wieder Fieber! Wir haben zwar Frühling, aber es regnet. Geh, und zieh dir schnell was anderes an. Wir reden morgen weiter.«

»Ja, du hast recht«, sagte Tsugumi und stand unvermittelt auf. »Ich geh jetzt besser.« Als sie hinausging, rief ich ihr noch hinterher: »Tsugumi! – Danke!«

»Ach, schon gut«, sagte sie und verschwand, ohne sich noch einmal umzudrehen oder die Schiebetür hinter sich zu schließen.

Ich blieb noch eine Weile auf dem Boden sitzen und las den Wortlaut auf dem Papier immer wieder. Tränen kullerten auf den Teppich. Eine heilige Süße erfüllte mein Herz, wie an jenem Morgen, als Großvater mich mit den Worten »Der Weihnachtsmann hat dir ein Geschenk gebracht« geweckt hatte und ich neben meinem Kopfkissen ein Paket liegen sah. Je öfter ich die Sätze las, desto weniger war ich in der Lage, die Tränen zurückzuhalten; ich hielt mich an dem Brief fest und weinte für immer.

Selig sind die, die reinen Glaubens sind!

Irgendwie verdächtig vorgekommen war mir das alles schon, bei Tsugumi weiß man nie, ich bin ja nicht blöd!

Aber die kunstvolle Pinselschrift! *Seine* Schrift! Die Anrede, »Liebe Maria, mein Schatz!«, von der nur wir beide wussten, Opa und ich. Tsugumi, klitschnass, mit diesem drängenden Blick und dem Nachdruck in der Stimme. Außerdem hatte sie etwas mit vollkommen ernstem Gesicht gesagt, worüber sie sonst höchstens Witze machte: »… weil ich dem Tod viel näher bin als ihr alle zusammen.« – Meine Güte, bin ich an der Nase herumgeführt worden, wirklich nach allen Regeln der Kunst!

Schon am nächsten Tag flog die Sache auf.

Ich wollte natürlich von Tsugumi sämtliche Einzelheiten über den Brief erfahren, ging also schon am Mittag des folgenden Tages hin, um mit ihr zu reden, aber sie war nicht da. Ich stieg hinauf in ihr Zimmer und wartete, als ihre Schwester Yōko hereinkam und mir Tee brachte.

»Tsugumi ist beim Arzt«, sagte sie und klang ein bisschen traurig.

Yōko ist klein und rund. Sie redet immer ganz sanft, als würde sie singen. Egal, was Tsugumi ihr auch antut, sie braust nie auf, wird nie wütend, nur traurig, im Stillen. Ich fühle mich in Gegenwart eines solchen Menschen immer richtig klein. Tsugumi machte sich nur lustig über sie: »Dieser alte Lahmarsch! Das soll meine Schwester sein?« Aber ich hatte Yōko sehr gern und sogar Respekt vor ihr. Immer fröhlich, immer ein Lächeln auf den Lippen, obwohl das Leben mit Tsugumi doch kaum spurlos an ihr vorübergehen konnte – für mich war sie ein wahrer Engel.

»Geht es Tsugumi schlecht?«, fragte ich besorgt. Sie hätte das Haus bei dem Regen nicht verlassen dürfen.

»Ach, ich weiß nicht, seit einigen Tagen hat sie bis zur Erschöpfung Schreibübungen gemacht, und dann hat sie Fieber …«

»Waas?«, sagte ich. Unter Yōkos verblüfften Augen begann ich, Tsugumis Schreibtisch abzusuchen. Und da sah ich es:

»Kalligraphieübungsheft.«

Außerdem fand ich Hunderte von Blättern, Tusche, Reibestein, Kalligraphiepinsel und als Tüpfelchen auf dem i einen an mich adressierten Brief meines Großvaters, den sie offenbar aus meinem Zimmer geklaut hatte.

Anfangs war ich mehr angewidert als wütend.

Warum treibt sie es so weit, fragte ich mich. Was muss sie nur für einen großen Groll gegen mich hegen, dass sie, die nie auch nur einen ordentlichen Pinsel besessen hat, so etwas fertigbringt! Woher kommt das bloß? – Ich hatte nicht den blassesten Schimmer. Ich saß in dem von der Frühlingssonne durchfluteten Zimmer, starrte ratlos aus dem Fenster auf das seidenmatt glänzende Meer hinaus und grübelte. Als Yōko gerade den Mund aufmachte, um etwas zu sagen, kam Tsugumi zurück.

Rotglühend vor Fieber, schleppte sie sich schweren Schrittes und, auf Tante Masako gestützt, ins Zimmer, sah meinen Gesichtsausdruck, grinste breit und sagte:

»Aufgeflogen, was?«

Augenblicklich wurde ich rot vor Wut und

Scham. Dann sprang ich plötzlich auf, stürzte mich entschlossen auf Tsugumi und versetzte ihr einen Stoß.

»Ma-Maria!«, rief Yōko erschrocken.

Tsugumi ging zu Boden, riss krachend die Schiebetür mit und prallte schließlich mit Wucht gegen die Wand. »Maria! Tsugumi ist gerade …«, begann meine Tante, aber ich schüttelte den Kopf und schrie, während mir die Tränen nur so herunterliefen: »Sei still!«

Und feuerte weiter drohende Blicke auf Tsugumi ab. Weil ich so wütend war, so todernst wütend, brachte selbst Tsugumi kein Wort heraus. Niemand hatte sie bisher körperlich angegriffen.

»Wenn du nichts Besseres zu tun hast als so eine Scheiße«, sagte ich und warf das Kalligraphie-Übungsheft mit Karacho auf die Tatami, »dann kratz doch ab, von mir aus sofort, ist mir ganz egal!«

In dem Moment muss Tsugumi wohl klargeworden sein, dass ich für immer mit ihr brechen würde, wenn sie jetzt nichts täte. Ich war jedenfalls fest entschlossen dazu. Noch am Boden, sah sie mir geradewegs und klaren Blickes in die Augen. Und dann murmelte sie die Worte, die sie noch nie, zu keinem Zeitpunkt ihres ganzen Lebens, in den Mund genommen hatte, was auch immer passiert war – sie hätte sich eher die Zunge abgebissen:

»Entschuldige, Maria.«

Tante Masako, Yōko und allen voran ich selbst waren völlig baff. Wir hielten den Atem an und brachten keinen Ton heraus. Tsugumi hat um Verzeihung gebeten … Kann das überhaupt sein? Wie versteinert standen wir da, die Sonnenstrahlen überfluteten uns mit gleißendem Licht. In der Ferne war nur das Rauschen des Windes zu hören, der durch die nachmittägliche Stadt fegte.

»Phhphhphh«, prustete Tsugumi plötzlich in die Stille. »Aber, Maria, ehrlich, du glaubst wirklich alles! Hab dich ganz schön verarscht, was?« Mittlerweile platzte sie fast vor Lachen und krümmte sich. »Mensch, überleg doch mal, wirf das bisschen Grips an, das du hast! Ein toter Opa, der Briefe schreibt! So ein Quatsch, dazu muss man wirklich ganz schön blöd sein, aahaha …«

Jetzt konnte sie es nicht mehr unterdrücken, hielt sich den Bauch und wieherte los, bis sie sich vor Lachen kugelte.

Das war so ansteckend, dass es auch für mich kein Halten mehr gab. Mit hochrotem Kopf stammelte ich, »Mann, komm ich mir blöd vor«, und platzte los. Meine Tante und Yōko starrten uns völlig entgeistert an, aber wir mussten nur immer wieder an unser Gespräch vom vergangenen verregneten Abend denken und konnten nicht aufhören, uns kaputtzulachen.

Von da an wurden wir Freunde fürs Leben, Tsugumi und ich, in guten und in schlechten Zeiten.

Nachweis

Der Verlag dankt folgenden Rechteinhabern für die Genehmigung zum Abdruck:

Doris Dörrie (*1955, Hannover)

Meine Freundin. Aus: dies., *Bin ich schön?* Erzählungen.

Elena Ferrante (*1943, Neapel)

Lila, der Tunnel, das Meer (Titel von der Herausgeberin). Ausschnitt aus: dies., *Meine geniale Freundin.* Band 1 der Neapolitanischen Saga, Kindheit und frühe Jugend. S. 85–93. Übersetzung aus dem Italienischen von Karin Krieger.

Julia Franck (*1970, Berlin)

Mir nichts, dir nichts. Aus: dies., *Bauchlandung.* Geschichten zum Anfassen.

Patricia Highsmith (1921, Fort Worth/Texas – 1995, Locarno)

Stille Nacht. Aus: dies., *Die stille Mitte der Welt.* Erzählungen. Übersetzung aus dem Amerikanischen von Melanie Walz.

Miranda July (*1974, Barre / Vermont)

Etwas, das nichts braucht. Aus: dies., *Zehn Wahrheiten.*

Copyright © 2016, Verlag Kiepenheuer & Witsch GmbH & Co. KG, Köln. Titel der Originalausgabe: *No One Belongs Here More Than You*. Copyright © 2016, Miranda July. Übersetzung aus dem amerikanischen Englisch von Clara Drechsler und Harald Hellmann.

Daniela Krien (*1975, Neu-Kaliß)

Plan B. Aus: dies., *Muldental.* Erzählungen. Copyright © 2014, Graf Verlag in der Ullstein Buchverlage GmbH, Berlin.

Simone Lappert (*1985, Aarau)

Das für sich Behaltene. Achtes Kapitel aus: dies., *Wurfschatten.* Copyright © 2017, Diogenes Verlag AG, Zürich.

Eva Menasse (*1970, Wien)

Rote Zuckerwatte (Titel von der Herausgeberin). Ausschnitt aus: dies., *Quasikristalle.* Copyright © 2013, Verlag Kiepenheuer & Witsch GmbH & Co. KG, Köln.

Amélie Nothomb (*1967, Kobe / Japan)

Pétronille (Titel von der Herausgeberin). Ausschnitt aus: dies., *Die Kunst, Champagner zu trinken.* Copyright © 2014 by Editions Albin Michel. Copyright der deutschsprachigen Ausgabe © 2016, Diogenes Verlag AG, Zürich. Übersetzung aus dem Französischen von Brigitte Große.

Connie Palmen (*1955, Sint Odiliënberg / Limburg)

Deine Ara (Titel von der Herausgeberin). Ausschnitt aus: dies., *Die Freundschaft*. Copyright © 1995 by Connie Palmen. Copyright der deutschsprachigen Ausgabe © 1996, Diogenes Verlag AG, Zürich. Übersetzung aus dem Niederländischen von Hanni Ehlers.

Ronja von Rönne (*1992, Berlin)

Meine beste Freundin. Aus: dies., *Heute ist leider schlecht.* Copyright © 2017, S. Fischer Verlag GmbH, Frankfurt am Main.

Banana Yoshimoto (*1964, Tokyo)

Geisterpost. Ausschnitt aus: dies., *Tsugumi.* Copyright © 1989 by Banana Yoshimoto. Copyright der deutschsprachigen Ausgabe © 1996, Diogenes Verlag AG, Zürich. Übersetzung aus dem Japanischen von Annelie Ortmanns.

Doris Dörrie
im Diogenes Verlag

»Es ist vollkommen gleichgültig, ob Sie Doris Dörrie in der Badewanne, im Intercity-Großraumwagen, im Lehnstuhl oder in der Straßenbahn lesen, nur: Lesen Sie sie!« *Deutschlandfunk, Köln*

Liebe, Schmerz und das ganze verdammte Zeug
Vier Geschichten
Daraus die Geschichte *Männer* auch als Diogenes Hörbuch erschienen, gelesen von Anna König

»Was wollen Sie von mir?«
Erzählungen. Mit Fotos von Helge Weindler

Der Mann meiner Träume
Erzählung
Auch als Diogenes Hörbuch erschienen, gelesen von Heike Makatsch

Für immer und ewig
Eine Art Reigen

Bin ich schön?
Erzählungen

Samsara
Erzählungen

Was machen wir jetzt?
Roman

Happy
Ein Drama

Das blaue Kleid
Roman

Mitten ins Herz
und andere Geschichten. Ausgewählt von Daniel Keel. Mit einem Nachwort der Autorin

Und was wird aus mir?
Roman
Auch als Diogenes Hörbuch erschienen, gelesen von Doris Dörrie

Kirschblüten – Hanami
Ein Filmbuch

Alles inklusive
Roman
Auch als Diogenes Hörbuch erschienen, gelesen von Maria Schrader, Petra Zieser, Maren Kroymann und Pierre Sanoussi-Bliss

Diebe und Vampire
Roman
Auch als Diogenes Hörbuch erschienen, gelesen von Doris Dörrie

Leben, Schreiben, Atmen
Eine Einladung zum Schreiben
Auch als Diogenes Hörbuch erschienen, gelesen von Doris Dörrie

Die Welt auf dem Teller
Inspirationen aus der Küche
Mit Ilustrationen von Zenji Funabashi

Einladung zum Schreiben
Ein Schreibjournal nach dem Bestseller *Leben, Schreiben, Atmen*

Kinderbücher:

Mimi
Mit Bildern von Julia Kaergel

Mimi und Mozart
Mit Bildern von Julia Kaergel

Connie Palmen im Diogenes Verlag

Connie Palmen, geboren 1955, wuchs im Süden Hollands auf und kam 1978 nach Amsterdam, wo sie Philosophie und Niederländische Literatur studierte. Ihr erster Roman *Die Gesetze* erschien 1991 und wurde gleich ein internationaler Bestseller. Sie erhielt für ihre Werke zahlreiche Auszeichnungen, so wurde sie für den Roman *Die Freundschaft* 1995 mit dem renommierten AKO-Literaturpreis ausgezeichnet. Connie Palmen lebt in Amsterdam.

»Es ist selten, dass jemand mit so viel Ernsthaftigkeit und Witz, Offenheit und Intimität, Einfachheit und Intelligenz zu erzählen versteht.«
Martin Adel / Der Standard, Wien

»Connie Palmen schreibt tiefsinnige Romane, die warmherzig und unterhaltsam sind – trotz messerscharfer Analysen menschlicher Gefühle.«
Elle, München

Die Gesetze
Roman. Aus dem Niederländischen von Barbara Heller
Auch als Diogenes Hörbuch erschienen, gelesen von Christiane Paul

Die Freundschaft
Roman. Deutsch von Hanni Ehlers

I.M.
Ischa Meijer – In Margine, In Memoriam
Deutsch von Hanni Ehlers

Die Erbschaft
Roman. Deutsch von Hanni Ehlers

Ganz der Ihre
Roman. Deutsch von Hanni Ehlers

Idole und ihre Mörder
Deutsch von Hanni Ehlers

Luzifer
Roman. Deutsch von Hanni Ehlers

Logbuch eines unbarmherzigen Jahres
Deutsch von Hanni Ehlers

Du sagst es
Roman. Deutsch von Hanni Ehlers

Die Sünde der Frau
Über Marilyn Monroe, Marguerite Duras, Jane Bowles und Patricia Highsmith. Deutsch von Hanni Ehlers

Banana Yoshimoto im Diogenes Verlag

»Eine Romanautorin als Jugendidol – bei uns unvorstellbar. In Japan jedoch hat Banana Yoshimoto genau das geschafft.« *Petra, Hamburg*

»Banana Yoshimoto schreibt wunderbar subtile, wundersam verstörende Bücher, in denen Japans Jugend endlich eine Stimme bekommt.« *Stern, Hamburg*

Kitchen
Aus dem Japanischen von Wolfgang E. Schlecht. Mit einem Essay von Giorgio Amitrano

N. P.
Roman. Deutsch von Annelie Ortmanns-Suzuki

Tsugumi
Roman. Deutsch von Annelie Ortmanns

Dornröschenschlaf
Drei Erzählungen von der Nacht. Deutsch von Annelie Ortmanns, Gisela Ogasa und Anita Brockmann

Amrita
Roman. Deutsch von Annelie Ortmanns

Sly
Roman. Deutsch von Anita Brockmann

Hard-boiled. Hard Luck
Zwei Erzählungen. Deutsch von Annelie Ortmanns

Eidechse
Erzählungen. Deutsch von Anita Brockmann und Annelie Ortmanns

Federkleid
Roman. Deutsch von Thomas Eggenberg

Mein Körper weiß alles
Dreizehn Geschichten. Deutsch von Annelie Ortmanns und Thomas Eggenberg

Ihre Nacht
Roman. Deutsch von Thomas Eggenberg

Der See
Roman. Deutsch von Thomas Eggenberg

Moshi Moshi
Roman. Deutsch von Matthias Pfeifer

Lebensgeister
Deutsch von Thomas Eggenberg

Erinnerungen aus der Sackgasse
Fünf Erzählungen. Deutsch von Annelie Ortmanns

Amélie Nothomb im Diogenes Verlag

»Ein Nothomb-Buch ist immer: voller Anekdoten, Schwung und wörtlicher Rede. Schlau komponiert, humorvoll trocken, ein bisschen weise und sehr unterhaltsam.« *Jochen Förster / Die Welt, Berlin*

»Ein literarischer Superstar.«
Frankfurter Rundschau

»Wie herrlich kann Bosheit sein, wenn sie in guter Prosa daherkommt!« *Le Nouvel Observateur, Paris*

Die Reinheit des Mörders
Roman. Aus dem Französischen von Wolfgang Krege

Liebessabotage
Roman. Deutsch von Wolfgang Krege

Der Professor
Roman. Deutsch von Wolfgang Krege

Mit Staunen und Zittern
Roman. Deutsch von Wolfgang Krege

Quecksilber
Roman. Deutsch von Wolfgang Krege

Metaphysik der Röhren
Roman. Deutsch von Wolfgang Krege

Im Namen des Lexikons
Roman. Deutsch von Wolfgang Krege

Kosmetik des Bösen
Roman. Deutsch von Brigitte Große

Böses Mädchen
Roman. Deutsch von Brigitte Große

Attentat
Roman. Deutsch von Wolfgang Krege

Reality-Show
Roman. Deutsch von Brigitte Große

Biographie des Hungers
Roman. Deutsch von Brigitte Große

Der japanische Verlobte
Roman. Deutsch von Brigitte Große

Winterreise
Roman. Deutsch von Brigitte Große

Den Vater töten
Roman. Deutsch von Brigitte Große

So etwas wie ein Leben
Roman. Deutsch von Brigitte Große

Blaubart
Roman. Deutsch von Brigitte Große

Eine heitere Wehmut
Roman. Deutsch von Brigitte Große

Die Kunst, Champagner zu trinken
Roman. Deutsch von Brigitte Große

Töte mich
Roman. Deutsch von Brigitte Große

Happy End
Roman. Deutsch von Brigitte Große

Klopf an dein Herz
Roman. Deutsch von Brigitte Große

Die Passion
Roman. Deutsch von Brigitte Große